公共行政学中的批判性研究

戴黍 著

中国社会科学出版社

图书在版编目（CIP）数据

公共行政学中的批判性研究 / 戴黍著. -- 北京：中国社会科学出版社，2025.4. -- ISBN 978-7-5227-4808-5

Ⅰ. D035-0

中国国家版本馆 CIP 数据核字第 2025W4L838 号

出 版 人	赵剑英	
责任编辑	朱华彬　李　立	
责任校对	谢　静	
责任印制	李寡寡	

出　　版	中国社会科学出版社	
社　　址	北京鼓楼西大街甲 158 号	
邮　　编	100720	
网　　址	http://www.csspw.cn	
发 行 部	010-84083685	
门 市 部	010-84029450	
经　　销	新华书店及其他书店	
印　　刷	北京明恒达印务有限公司	
装　　订	廊坊市广阳区广增装订厂	
版　　次	2025 年 4 月第 1 版	
印　　次	2025 年 4 月第 1 次印刷	
开　　本	710×1000　1/16	
印　　张	12	
字　　数	151 千字	
定　　价	68.00 元	

凡购买中国社会科学出版社图书，如有质量问题请与本社营销中心联系调换
电话：010-84083683
版权所有　侵权必究

目　录

导　言 …………………………………………………（1）

第一章　多元与竞争：公共行政学中批判性研究的出现 ………………………………（20）

一　公共行政学的知识增长与研究状况：以 PAR 讨论为线索 ……………………………（21）

二　公共行政学的三种研究范式 ………………………（26）

（一）解释性研究 ……………………………………（29）

（二）诠释性研究 ……………………………………（32）

（三）批判性研究 ……………………………………（35）

三　公共行政学中的范式竞争与批判性研究的出现 ……（38）

（一）研究范式的竞争 ………………………………（39）

（二）批判理论在公共行政研究中的价值 …………（40）

（三）公共行政学中批判性研究的出现 ……………（45）

第二章　反思与重建：基于批判理论的公共行政历史考察 ………………………………（50）

一　现代性的魔惑：Adams 等人对美国公共行政学历史的批判认识 ……………………（50）

（一）公共行政中历史意识的贫乏 …………………… (51)
（二）现代性、技术理性与"行政中的罪恶" ………… (53)
（三）公共行政：呼唤自由开放的探讨与批判的
　　　历史分析 …………………………………………… (58)
二 "重写"现在：Box 的批判历史 ……………………… (59)
（一）作为"体制拒绝者"的历史分析 ………………… (60)
（二）重新发现历史 …………………………………… (63)
（三）重写现在 ………………………………………… (70)
三 "社区女人"与"可用的过去"：Stivers 的女性主义
　　公共行政历史观 ……………………………………… (74)
（一）美国公共行政学中的性别形象 ………………… (75)
（二）社区女人对公共行政所作的贡献 ……………… (82)
（三）为公共行政学构建一种"可用的过去" ………… (86)

第三章 质疑与探索：主流公共行政的批判性替代选择 … (89)

一 技术理性与技术规则的替代选择：关注"交往模式"
　　与"自我反省" …………………………………………… (89)
（一）超越技术理性 …………………………………… (90)
（二）关注"交往模式"与"自我反省" ………………… (94)
（三）个人对组织（制度）的超越 ……………………… (97)
二 "代表优先"和"行政效率"的替代选择："代表地位
　　同等"和"广泛参与" …………………………………… (100)
（一）代表优先和行政效率的相关假定与观念
　　　基础 ………………………………………………… (100)
（二）代表优先的替代选择："代表地位同等" ……… (104)
（三）行政效率的替代选择："广泛参与" …………… (108)

三 反行政与私人生活 …………………………………… (111)
　（一）"反行政"：公共行政的一种批判性替代选择 … (112)
　（二）多元立场的自我 ………………………………… (114)
　（三）公民权利与私人生活 …………………………… (119)

第四章　推进现实：批判理论与公共行政实践的结合 …… (124)
一 批判理论的实质 ……………………………………… (124)
　（一）拒斥决定论 ……………………………………… (126)
　（二）否定主流意识形态 ……………………………… (127)
　（三）挑战现实 ………………………………………… (128)
二 批判理论的缺陷及其根源 …………………………… (128)
三 "进化的批判理论"与"参与式研究" ………………… (135)
　（一）消解理论/实践鸿沟的"进化的批判理论" …… (136)
　（二）参与式研究：公共行政领域中的一种批判性
　　　　尝试 …………………………………………… (143)
　（三）参与式研究对"批判辩护"的借鉴 ……………… (150)

总结与展望 ………………………………………………… (156)

参考文献 …………………………………………………… (161)

后　记 ……………………………………………………… (184)

导　言

一　问题缘起

德国哲学家、法兰克福学派的第二代主要代表尤尔根·哈贝马斯（Jürgen Habermas）等人曾指出，社会科学中有三种类型的研究（Habermas，1971；Fay，1976）[①]：解释性（或实证的）研究、诠释性研究和批判性研究。撇开哈贝马斯"当代最有影响力的思想家"之类的头衔不论，这种分类及其对反思方法论的探讨也已经被学术界所广泛接受并深刻地影响着社会科学史的发展进程。

譬如，在这一分类方式的指引下，有学者发现：就公共行政学的研究现状而言，解释性（或实证的）研究占据了主流地位，诠释性研究和批判性研究则较受忽视。然而，后两种研究同样也是值得关注的。正如杰伊·怀特（Jay D. White）和盖

[①] 如无特别说明，本书引用的哈贝马斯（Habermas）著作出版时间都指的是英文版的出版时间。同时，受笔者语言能力与学术视野的局限，本书所使用或涉及的文献，也主要是英文出版物，并且较多为美国学者所著。这无论如何都是一种遗憾，但就写作和讨论本身而言，这样的状况也提供了背景相似、语境相仿的便利。书中所引文献内容，如未作特别说明，皆由笔者译自原著。

伊·亚当斯（Guy B. Adams）所说：

> 大量历史和认识论证据向我们表明，没有任何一种单一的研究途径——即使被冠以科学这一高度实证的标签——对公共行政研究而言是足够的。如果研究要由理性指导，那么，研究途径的多样化——既尊重实践理性，也尊重理论理性——就似乎是必要的。所以，我们建议公共行政的知识和理论发展应该以多种方式进行，包括假设检验、案例研究、行政和决策过程分析，以及对该领域的整体或部分的历史诠释、演绎论证、哲学批判和对行政经验的个人反思（White Adams，2005，p. 16）。

于此，批判性研究力图超越对经验规范的描述和对意义的理解，通过使人们认识到那些决定自己的信仰或行动的"没有被意识到的"因素，来寻求变革，将自己从各种压迫性的约束中解放出来（马骏、叶娟丽，2004：14—16）。也正是在这一意义上，批判性研究对公共行政学乃至对涉及人类自身的所有社会科学门类来说，都有着极为重要的价值：它所提供的知识并不虚伪地承诺"价值中立"，而是主旨鲜明、态度坚决地致力于人类的自我解放。实际上，批判性研究与批判理论（critical theory），或更明确地称之为批判社会理论（critical social theory），[①] 已经开始逐渐被一些学者所接受并加以重视，进而推

---

① 在本书的语境中，并不强调哲学化的、纯粹思辨式的批判理论，当提及"批判理论"时，更多指的是其在公共行政学中作为一种研究路径或范式的角色，因此批判理论往往与批判性研究互用。

动其发展。

在公共行政学领域,虽然目前对批判性研究方法的运用仍旧有限,但确实已经获得了一些视角独特、运思新颖且颇具影响的研究成果。对这些成果加以深入的了解与分析,无疑将有助于我们更全面、更深入地把握公共行政学的现实状况、运行效果及发展趋势。

而当我们把视线转移到在各方面都发展迅猛的中国时,会发现公共行政学领域也不可避免地与国外学术理论间发生着理论关注、方法融通,以及一些文化领域中可能出现的冲突,这些反思性的理论成果也格外引人注目。例如,马骏就指出,虽然20多年来,在众多学者的不懈努力下,中国公共行政学研究已经积累了许多文献,但从整体上看,我们的研究仍然非常落后。这种落后不仅表现为研究重心的不明确,还体现为研究方法的模糊,即相当多的中国公共行政学研究都没有遵循实证研究、诠释研究和批判研究各自的规范与标准,因而在研究质量上存在着严重的问题,未能促进知识的增长。① 换言之,中国本土的公共行政学在诠释研究、批判研究方面还存在着不少的研究空白。因此,极有必要对公共行政学各种研究的重心及方法加以考察,明确其规范与标准,以更好地促进其发展,并尽可能地使各类研究都能得到关注和重视,从而使各类理论成果相互补充、相互印证而不致偏于一隅。

比较容易达成的共识是,作为一种时常受到忽视的规范性

---

① 参见[美]杰伊·D·怀特、盖·B·亚当斯《公共行政研究——对理论与实践的反思》,刘亚平、高洁译,清华大学出版社2005年版。

研究（相对于实证性研究而言），① 公共行政学中的批判性研究具有不可替代且不应忽视的价值。——对这一点国内学术界已经有所注意，但目前的相关研究成果仍然非常缺乏。由此，聚焦于公共行政学领域，将会凸显一系列值得学者关注的问题：批判性研究跻身于公共行政领域的可行性如何？怎样理解批判性研究与其他研究范式的关联和竞争？批判理论在公共行政学研究中扮演了怎样的角色、走过了怎样的历程？它与主流公共行政研究的关系如何，以及它怎样和公共行政实践相结合？

基于对上列问题的思考，作者不揣浅陋，对西方世界，尤其是美国公共行政学中的批判性研究成果加以发掘梳理、介绍，力求从范式竞逐、历史考察与实践尝试等角度揭示其思想渊源、学说特质、理论贡献，并进而探索其对我国公共行政学发展的启示。

二　文献述要

就目前发展情况所见，最早直接而且明确地将批判理论运用于公共行政领域的尝试体现在罗伯特·登哈特（Robert B. Denhardt）发表于 1981 年的论文《面向公共组织的批判理论》（1981a）中。同年，他又出版了在批判性研究方面的代表作《在组织的阴影中》（1981b）。登哈特讨论了迥异于传统理

---

① 规范性研究是在若干假定的前提下，依据事物的内在联系和逻辑关系，从纯理论上演绎推导出结论；实证性研究是从调查、观测或实验获取的样本数据和资料中，发现事物的本原，从个别到一般，归纳总结出带规律性的结论。规范性研究的出发点和基础是一定的价值标准、行为准则，它从理论上对被研究的对象进行纯粹的逻辑思辨和数学演绎，通常要给出"应该怎样""怎样才是合理的"解说；实证性研究的出发点和基础是观测实验数据，通常要对被研究的现象做出"是什么"的回答。

论的批判理论的发展历程，积极倡导将批判理论应用于公共组织分析。在较多地吸收了哈贝马斯和后弗洛伊德时期的精神分析理论的基础上，他充分肯定了运用批判视角来反思公共行政的理论和实践的可能性。在更为晚近也更加广为人知的著作《公共组织理论》（Denhardt，1993）中，登哈特还对公共行政理论的主流文献进行了批判，他认为，公共行政领域中理论与实践传统的分离表现得越来越明显，因而必须改变我们看待该领域的方式，急需引入批判的视角。就此而言，登哈特不同于主流公共行政学者的研究风格、敏锐的理论触觉以及强烈的批判意识，奠定了他作为公共行政学领域中开展批判性研究的先驱地位。

盖伊·亚当斯和丹尼·巴尔福（Guy B. Adams & Danny Balfour，1998）的合著《揭开行政中的罪恶》[①] 一出版就备受争议，但这并不妨碍它成为一部难得的学术畅销书。然而，对于公共行政学者来说，真正值得关注的是书中所展示的批判视角以及批判分析方法。在该书中，亚当斯和巴尔福通过剖析构建现代公共行政体系所仰赖的理性和科学基础，非常大胆和新颖地揭示了现代公共行政体系中行政伦理的另一面，即既未被外界所察觉也未被官僚自身意识到的潜在的罪恶的那一面。他们进而指出，如果要消除这种潜藏于行政体系与过程之中且难以知觉的罪恶，那么我们必须认识到，公共行政的根本性问题"不是建立它的制度的或者学术的合法性，而是发展和培植一种对于公共制度、公共权力的运用以及文化整体的批判和反思的

[①] ［美］艾赅博、百里枫：《揭开行政之恶》，白锐译，中央编译出版社2009年版。为保持本书的前后一致，人名仍取盖伊·亚当斯和丹尼·巴尔福的译法，书名也沿用《揭开行政中的罪恶》。

态度"（1998，p. xxix）。这部著作不仅强调了针对现代性、技术理性、组织动力与服从等社会价值进行批判研究的重要性，而且提供了富有震撼力的实际历史案例分析：他们对纳粹大屠杀和挑战者号爆炸等存在于公共行政体系中的"系统方法"，官员"遵循目标、按照计划、精心设计并讲求官僚式的效率与规范的任务"，"将邪恶合法化"等现象所作的批判分析发人深省，是将批判理论运用于公共行政学研究的一个标志性成果，也是让批判性分析走入公众视野的一种可贵的尝试。

杰伊·怀特和盖伊·亚当斯（Jay D. White & Guy B. Adams，2004）选编了主要发表于《公共行政评论》（Public Administration Review，PAR）杂志上对20世纪八九十年代美国公共行政学研究进行反思的重要论文，结集为《公共行政研究——对理论与实践的反思》。他们在文集的序言"使多样性有意义：公共行政研究、理论和知识发展的背景"中指出，在主流的实证研究之外，还有诠释研究和批判研究两种同样有价值的研究取向。他们希望公共行政学最终呈现一种多样性的格局，并力图为后面两种研究取向在未来多样性的研究氛围中争取一席之地。杰伊·怀特和盖伊·亚当斯二人对研究的多样性，尤其是对批判理论之于公共行政研究的价值的探讨，引起了学术界的强烈关注和反响。文集的中译本也于2005年得以出版，为我国的公共行政学研究提供了更为便捷的参考资料。[①] 其中，文集收录的詹姆斯·佩里和肯尼思·克雷默（James L. Perry & Kenneth L. Kraemer）所著《〈公共行政评论〉（1975—1984年）中的研究方法》、罗伯特·斯托林斯和詹姆斯·费里斯（Robert

---

① 参见［美］杰伊·D·怀特、盖·B·亚当斯《公共行政研究——对理论与实践的反思》，刘亚平、高洁译，清华大学出版社2005年版。

A. Stallings & James M. Ferris）所著《公共行政研究：1940—1984年〈公共行政评论〉的作品》等论文，运用历史的与计量的方法，对历年PAR发表的学术成果进行了统计分析，提供了评估研究方法状态的基准，并展望了公共行政领域未来的可能发展方向。这些论文所使用的方法与分析的思路，不仅对美国或是对其他英语世界国家，也对于反思我国公共行政学研究有着直接而丰富的借鉴价值。

马骏和叶娟丽（2004）在他们的合著《西方公共行政学理论前沿》中专辟一章，介绍与评估了西方公共行政学中的批判理论和批判性研究，这也是目前所见的国内学术界对这一领域所作的最早的撰述。他们集中介绍了这一领域中三个主要的代表性方向：罗伯特·登哈特倡导的批判理论、盖伊·亚当斯和丹尼·巴尔福使用的批判性研究以及卡米拉·斯蒂福斯（Camilla Stivers）主张的女权主义批判。马骏和叶娟丽的介绍与评估立足于丰富的第一手文献材料，确立了清晰而精细的分析框架，为国内公共行政学中的批判性研究打下了必要的基础。

理查德·博克斯（Richard C. Box）于2005年出版了题为《公共行政中的批判社会理论》（Box，2005）的专著，① 把批判社会理论放在后现代的情境之中加以考察，对公共行政领域中批判社会理论的渊源、特质、形式等问题进行了系统的梳理与阐释。在更早的一篇论文《"真"实在别处——批判的历史》中，博克斯和谢里尔·西姆雷尔·金（Cheryl Simrell King）提出要解构——"现在"在传统的历史解释或历史分析中是如何被定义的——这一基本问题。他们认为，一个人如果要"重写"

---

① ［美］理查德·C. 博克斯：《公共行政中的批判社会理论》，戴黍译，中央编译出版社2015年版。

现在，就必须批判地对历史"数据"背后的假设和方法作出重新考察，以确定哪些东西可能被忽略了。比如，谁的故事被隐瞒或悬置了？究竟从何时开始，理论家仅仅依靠过去事件中"伟大的故事"或"伟人"，就试图去揭示那些支持统治政体、霸权和权力结构的历史元叙事了呢？（Box & King，2000）在《私人生活与反行政》（Box，2001）中，博克斯提出了"私人生活"（private life）和"反行政"（antiadministration）的概念，并进而指出，公共行政学的许多理论是假定公民应当深入参与到公共事务之中的。然而公民中的多数人并未潜心于公共话语，这使他们容易受制于少数参与其中的人们所采取的行动的限制。公共管理者则是处于公众行为和私人生活间的、减缓社会系统潜在分裂性或破坏性影响的持久缓冲器。博克斯认为，在对行政行为采取"反行政"姿态时，公共管理者应当保持批判意识，并对公民的私人生活加以保护。在《代表优先与行政效率的替代选择》（Box，2004）中，博克斯认为，正式组织及其制度实践一直是中央集权体制用以维护财富与权力优先分配的重要手段，因而公民自治的潜能始终受限于中央集权体制中的代表优先与行政效率优先的限制。基于批判立场，博克斯指出，作为一种可供参考的替代选择，使代表居于同等地位并适度简化行政过程，将有助于推动和促进市民自治。作为一位专注于批判社会理论的学者，博克斯对公共行政领域中的历史、现实以及某些核心概念、具体案例，所作的批判性分析极为深刻细致。同时，他对后现代理论、女权主义思想等理论的广泛吸纳与借鉴，也获得了丰硕的研究成果。

卡米拉·斯蒂福斯（Camilla Stivers）展示了女权主义批判这一颇显独特的理论分析视角。在专著《公共行政中的性别形象——合法性与行政国家》（1993）① 中，斯蒂福斯从地位、权力、领导、合法性与改革等一系列问题切入，透过社会性别形象（gender images）这一独特视角来审视公共行政学，考察了妇女在美国联邦、州和地方政府中获取现有地位所走过的历史进程，评估了她们所处的组织制度执行环境的特殊性以及她们所置身的社会处境，进而从性别形象的角度对行政国家的合法性性别身份提出了疑问。在论文《社区女人与机关男人：为公共行政学构建一种"可用的"过去》（1995）中，斯蒂福斯强调，欲厘清国家行政体系改革的实践逻辑，不仅要关注旨在提高行政效率的"机关男人"在公共行政管理中的组织行为范式，更要注重对倚重行政公平的"社区女人"在行政国家中的性别角色及其话语策略的深度研究。并且，正是后者在很大程度上实现了政府责任在养老保障制度改革、医疗制度完善、社会救助制度建设等方面的职能扩展。她强调，应将公共行政视为一项既关注程序又关注实质的理性事业。一个重构的历史、一个适合于公共行政学的"可用的过去"，也许会加深我们对那些隐藏于持续不断的程序改革诉求之中的女性性别话语真实含义的理解。斯蒂福斯对于公共行政历史的重构、对公共行政合法性基础的思考以及对理解公共行政的替代方案的探索，体现了女权主义批判方法与众不同的取向与进路。

莉莎·扎内蒂（Lisa A. Zanetti）的论文《推进现实：批判理论与公共行政实践的结合》（1997）阐述了公共行政学中批判理论发展的现状，并指出当前批判理论方法存在的不足及其优化策略。她认为，公共行政学中的批判理论研究必须提倡理论

---

① ［美］卡米拉·斯蒂福斯：《公共行政中的性别形象——合法性与行政国家》，熊美娟译，中央编译出版社2010年版。

与实践的结合，唯有如此，才能在公共行政学中构建起整合性的理论研究框架。基于这一目的，她提出，参与式研究（participatory research）在某种意义上有助于行政国家公共精神的培育，但如何克服理论与实践的分野问题，终将是所有批判理论不得不攻克的难题。

三 本书的研究目的、研究内容、研究方法与结构

（一）本书的研究目的

在本书中，笔者将学术理论的焦点置于对公共行政学领域中批判理论创新与实践探索的关注。笔者在对解释性研究、诠释性研究与批判性研究的方法内容、逻辑关联等问题进行深入分析的基础上，思考如何将批判话语分析运用于公共行政学领域社会治理现代化的探索与实践的可行性。具体而言，本书的主要目的在于以下三方面。

其一，在回溯公共行政学主流研究范式的历史沿革的基础上，明确批判研究范式在公共行政学领域的独特作用与价值，探寻如何化解政府公共行政决策所引致的现代性危机。在此，笔者对批判理论的思想渊源、学说特质与理论贡献进行系统性诠释的基础上，对公共行政学中的批判理论及其相关学术性成果进行了较为全面的介绍；本书采用历时态与共时态相结合的分析方法，系统梳理了批判理论对官僚制、公共行政管理及现代性社会治理等方面的批判性观点，进而提炼出"批判研究前提预设—历史意识形态—社会批判的制度转向—批判性实践探索"的演进逻辑。

其二，本书试图在公共行政领域的学科范围内，弥合批判理论与实践行为的鸿沟，厘清批判研究实践探索的有效发展进路。首先，本书在阐释批判理论在公共行政领域中的理论内涵的基础上，阐明批判理论在理论层面和实践探索层面的创新之处，并进一步揭示出批判理论所独具的时代价值与存在的不足。理论层面的创新主要包括理论基础与目标价值以及治理主客体关系的创新，实践探索层面的创新包括政府服务目标、组织职能和社会治理模式的创新。本书试图通过对公共行政管理主客体关系的重新解构以及批判研究方法的探寻，为公共行政学领域批判理论与实践间鸿沟的弥合提供有益的进路参考。

其三，对公共行政领域中的批判理论的缺陷和不足进行反思与完善，为我国社会治理的发展与模式创新提供有益的经验借鉴。20世纪七八十年代，随着经济全球化、新科技革命、国家财政危机的出现，以美国、英国、澳大利亚、新西兰为代表的西方发达国家掀起了一场新公共管理的政府改良运动，新公共管理理论在全世界范围内得以普遍认可和接受。新公共服务理论、新公共利益理论、批判理论研究等都是对这一时期公共管理理论进行批判和反思的比较有影响力的观点。本书对于公共行政学领域中批判理论的研究逻辑，则是基于对传统公共行政的价值理念所进行的考察与反思，并试图探索一整套满足于公共利益与公共服务需要的、本土化的行政管理架构及理论体系，从而为我国社会治理模式的选择与创新发展提供新思路。

（二）本书的研究内容

本书主要立足于公共行政学理论研究范式的历史沿革与发展现实，在广泛收集和阅读公共行政学重要论文、著作的基础上，对公共行政学领域中的批判理论加以概括与阐释，并意图通过对批判理论建构及其实践逻辑的探寻，弥合公共行政学中长期以来存在的理论与实践相互分割的状态。因此，本书的结构主要包括以下几方面的内容。

第一部分"多元与竞争：公共行政学中批判性研究的出现"主要是围绕着公共行政学的三种研究范式，即解释性研究、诠释性研究与批判性研究是如何生产各自有关的公共行政知识并参与范式竞争的过程，并从以 PAR 讨论为线索的视角，关注公共行政学的知识增长与研究状况的发展脉络，从而引出本书的重要归旨——公共行政学中的范式竞争与批判性研究何以出现的问题。

第二部分"反思与重建：基于批判理论的公共行政历史考察"，主要基于运用历史分析的途径来对公共行政学领域的知识和理论发展问题进行思考。首先，通过对 Adams 等人关于美国公共行政学历史的批判认识的介绍，指出公共行政学领域中普遍存在的历史意识贫乏的现象，以及由于现代性的魔惑所引致的"行政中的罪恶"，即生活世界中各个领域的分化，经济、政治和军事实践的官僚化，以及价值的日益货币化等诸多方面的现代性变迁。因此，公共行政学需要更为自由开放的探讨空间和更具批判性的历史分析方法来"重写"现在，即必须在理解社会文化背景的基础上，关注"日常生活"和平常人的历史，对传统公共行政领域书写的历史加以新的解构。例如 Stivers 所提出的女性主义公共行政历史观，便是为公共行政学构建一种"可用的过去"的一种有益尝试。

第三部分"质疑与探索：主流公共行政的批判性替代选择"，主要是围绕着现代生活的社会统治根源——技术理性以及由技术理性衍生的技术规则而展开的批判性思考。批判理论家们指出，现代生活所带来的科技世界必然与目的理性行为相联系，这种权力规则不可避免地将管理人员和服务对象客观化，并且服从于追求效率的意图。它只关注外部的"客观"世界，是一种抹杀个性的、僵化的管理进程。因此，批判理论家们认为，公共行政研究者应当超越追求控制与效率的技术理性，并寻求"交往模式"与"自我反省"等相关的替代选择；在西方国家公共治理中，"代表优先"和"行政效率"是代议制的典型或默认模式，公众被排除在公共事务的决策过程之外，因此，应以"代表地位同等"和"广泛参与"的自治模式，来取代"代表优先"和"行政效率"的控制决策；同时，批判理论家们提出，用"反行政"与"私人生活"来取代"公共行政"与"公共生活"，把对公共行为的决断权从管理者转移到公众，以促进社会的良性协调发展。

第四部分"推进现实：批判理论与公共行政实践的结合"，主要围绕着批判理论嵌入公共行政实践的现实路径所展开的讨论。首先，本书指出，对批判理论的实质的理解主要基于以下三方面的内容：一是拒斥决定论。批判理论拒绝承认包括公共行政在内的人类历史及其制度（物质的或先验的）中存在任何形式的决定论，并认为在"社会的"世界中，人类历史及其制度存在着内在本质规律。二是否定主流意识形态。批判理论家认为，某种社会的意识形态和制度架构可能导致阶级压迫以及社会不公正的结果，故而应寻求替代性选择并将之付诸实践。三是挑战现实。其次，本书指出批判理论的缺陷及其根源，探寻弥合理论/实践鸿沟的有效路径。最后，本书提出，尝试建构"进化的批判理论""参与式研究"来消弭公共行政领域理论与实践间的鸿沟，从而在现实环境中寻求一种变革的努力。另外，参与式方法还被运用于对法律所进行的批判性解释的尝试中，逐渐形成了一种改革制度性规范或社会政策的"批判辩护"制度。

（三）本书的研究方法

1. 历史文献法

文献阅读法是梳理公共行政学历史发展脉络的重要研究方法之一。本书通过运用文献阅读法，对公共行政学中批判性研究的历史沿革、理论范畴及相关研究成果进行系统梳理。关于公共行政学中批判性研究的历史考察属于理论研究范畴，笔者在对西方公共行政学领域中重要传统流派的主流研究范式和理论主张进行综合阐释的基础上，建立起公共行政研究的批判主义范式，将普通人的日常生活经验作为建构规范性社会知识的基础。同时，在本书中，笔者运用历史文献法对公共行政学、哲学、社会学等领域的批判理论文献资料进行梳理，对推动批判理论在公共行政学领域建设与发展的问题及其问题意识作出清晰的界定。这个问题意识呼吁人们在社会治理层面，突破传统行政制度机械、僵化的效率主义，追求制度禁锢之外的个人的解放与自由发展。因此，符合人性需要的理论发展方式、批判性思维的问题意识，以及以日常生活经验为基础的知识通达路径，是建构批判主义理论研究范式体系的重要基础。

2. 比较分析法

首先，本书运用比较分析法对公共行政学的解释性研究、诠释性研究与批判性研究产生的文化背景、理论特征及其在解决社会和政治问题中所发挥的作用等问题进行阐释，深度挖掘解释性研究、诠释性研究的局限性与合理之处，进而凝练出批判性研究的独特性、适用情境及其在公共行政学多元范式竞争中的应用价值。其次，运用比较分析法对美国公共行政中现代性、技术理性所塑造的"行政中的罪恶"与对美国公共行政学批判的历史分析所畅想的自由开放的社会情境进行比较分析，来探寻技术理性和技术原则所带来的"现代性魔惑"的制度性因素，从而凝练出公共行政管理制度与人们日常生活实践历史的"重写"路径。最后，对主流公共行政的"代表优先""行政效率"导向下的行政管理的模态规则与强调"代表地位同等""广泛参与"的民主型管理模式进行对比分析，倡导民众以"反行政"与"私人生活"的新型社会治理模式来回应公共行政管理合法性与合理性问题。

3. 历史研究法

本书关于公共行政学中的批判性研究的范式竞逐、理论价值与实践尝试等问题的探寻是基于对公共行政发展史长时段的历史考察所作出的学理性思考。首先，究其本质而言，这种公共行政学中的批判性研究是一种基于历史主义视角下的，西方公共行政为对抗技术理性和技术原则所试图建构的一种批判性的历史分析。其次，本书尝试运用历史分析的途径来研究公共行政学领域中的知识和理论发展问题，即通过对批判研究的历史演变逻辑、研究范式特征、理论价值目标及理论缺陷等问题进行历时性研究，从而在历史维度上呈现出批判研究的焦点问题与核心价值，即在公共行政学领域中，关注隐藏在宏大叙事下的普通人的日常生活，并将前理论的日常生活经验作为知识生产与知识建构的重要基础，以此探寻实现个人价值与自由解放的现实进路。最后，从宏大的社会文化背景中，超越世俗化、工具理性和技术理性等以"问题解决"（problem solving）为导向的公共行政管理模式，在价值理性指导下，对由工具理性主导的公共管理组织制度进行反思，进而建构一种以公共利益和民主行政为政府管理工作出发点的价值理性图景。

（四）本书的创新点与不足

在本书中，笔者结合西方批判性理论学者的学术成果与著作，从文化背景、历史演变逻辑、理论研究范式沿革等维度，对公共行政学领域中的批判理论作出系统阐释，试图建构起批判研究的基本理论架构及有效实践路径。因此，本书可能的创新点包括以下几个方面。

第一，推进了中国公共行政学领域批判理论的本土化研究。

中国经济建设与全面深化改革对公共行政理论的需求，加快了中国公共行政学的本土化研究。社会经济的发展及公共服务质量的提升，使得政府部门急需在公共行政领域构建一种兼顾公平正义和理性效率的治理体系。理性高效的公共行政本身是现代性演变的结果；对社会公平正义的追求是人们在价值理性导向下，对由工具理性主导的传统公共行政管理的批判性反思。因此，本书试图从传统公共行政时期、新公共管理运动时期以及新公共服务理论时期等发展阶段中，厘清批判理论在公共行政学历史演变过程中的发展脉络，分析批判研究的勃兴、发展与实践反思过程。在对传统公共行政理论的反思中，建构一种批判性的公共行政话语体系，即在工具理性与价值理性、高效与公平间寻求公共行政能力和国家治理发展的平衡点，并为中国公共行政学领域批判研究及其实践探索的发展提供经验借鉴。

第二,促进了基于"历史意识"的公共行政"现代性"叙事的批判性反思。

在"现代性"的背景下,西方公共行政学受技术理性和理性原则的影响,强调运用科学分析与技术合理性来解决公共行政问题,是一种"非时间因果关系"的理性模态规则,忽略了历史性和批判性的反思过程。本书则强调运用历史批判分析的方法,在理解社会文化背景的基础上,关注平常人的日常生活,以及"传统的历史叙事中经常隐藏的碎片与不稳定性",试图以一种批判性的"历史意识"来对公共行政"现代性"文化进行解构。马克思强调,历史意识是现实时间中的意识,现实时间是考察人类历史进程的基本尺度。因而,历史意识是对时空的感知,历史批判理论是对历史意识的思考。本书对公共行政学领域中现代性批判的内涵与实现路径的分析,正是基于"历史意识"下,为回应发达资本主义社会对人的普遍压抑问题,探寻实现人类自由与解放道路所展开的批判性思考。

第三,促进了后现代批判理论视域下,公众参与社会治理的机制与实践路径的研究。

批判理论在公共行政学领域中之所以处于"边缘化"的地位,这在很大程度上是由于在公共行政的理论与实践之间还存在着难以逾越的鸿沟,因此,我们必须处理好理论与实践的关系。本书基于后现代公共行政批判理论的分析,对公共行政理论与实践的融合性发展展开研究,并逐步建构起"批判研究前提预设—历史意识形态—社会批判的制度转向—'进化的批判理论'与'参与式研究'实践路径"的理论架构,以此来探寻弥合批判理论与公共行政实践的有益路径。"进化的批判理论"的理论价值在于,不作任何形式的目的论或决定论的假定,并且不对优先权、特权或权力缺席等问题妄加评判；而"参与式研究"则是倡导公众积极参与社会管理决策过程，是一种推动社会变革、摆脱政府行政现代性危机的自我救赎之路。因此，本书对于批判性理论在公共行政学中实践探讨的研究，不仅有助于公共行政学批判理论与实践研究的融合性发展，还可以为我国公众参与社会治理的有效机制与实践路径的思考提供更多的、有益性的经验参考。

本书通过从现代社会工具理性、技术理性所带来的"现代性"社会变革的发展困境的思索出发，思考公共行政学中的批判研究的理论基础、时代价值以及日常生活批判理论的视野转换等问题，从而促进公共行政学中批判性研究理论体系的继承以及主体性实践关系的建构，推进批判性理论与实践的协调融合发展。但囿于个人能力、研究资料以及现实研究条件等方面的限制，本书尚存在以下两方面的不足之处。

一是对公共行政主要理论间的批判性继承关系的关注度不足。本书虽然围绕着旨在推动社会变革的公共行政管理而建立起一种批判研究的尝试，但对公共行政各主要流派理论间的批判性继承关系的考察还相对不足，尚未实现公共行政学的理论发展与社会经验的高度契合。作为后现代公共行政理论，批判理论主要在于探索"现实世界是什么"的事实性命题与"如何界定主体行动规范"的价值性命题，并通过这两种命题间的张力推动着批判理论探索的不断发展。尽管本研究基于批判性历史分析的视角，以平常人日常生活的实践逻辑为出发点，从"个体或群体的批判性反思"与"现代性制度重构"的双重维度分别为实现公共行政公平正义与理性高效的行政管理提供了内在机制和外控手段，但本书对公共行政中行动者行动规范的具体事实，以及各主体间相关责任伦理的控制关系的微观考察尚有不足，需要在此后的研究中不断深化与推进。

二是对于公共行政学中批判研究的本土化探索还有待于深入。在本书中，笔者关于批判性研究的历史考察和实践探索主要是立足于西方学界，尤其是美国公共行政中批判性研究的著作和理论成果而建构起的理论与实践相结合的知识体系。从具体的研究内容来看，笔者从西方社会历史文化的现实背景出发，聚焦于现代性的官僚组织制度，洞察西方公共行政管理体系的内在矛盾与冲突性，并以此为基础澄清公共行政管理的局限与问题，进而在后现代主义背景下，探寻公众参与社会治理的有效服务机制和实现路径。尽管这些研究内容与学术观照对于公共行政学批判性研究的实践探索具有一定的积极意义，但从某种程度来看，对批判性理论在公共行政学中的理论定位与实践探讨的研究还不够深入。此外，鉴于本书撰写时间与篇幅的有限性，对于批判研究的实践探索在发展中国家公共行政管理中的应用价值和可推广性也未能得以详细铺陈，因此，如何以公共行政经验事实为出发点，更好地回应公共行政管理的现代性问题，并逐步构建起发展中国家本土化的公共行政治理体系，将是有待于笔者深入探讨的重要问题。

第 一 章

多元与竞争:公共行政学中批判性研究的出现

公共行政学是一门既年轻又复杂的学科。虽然相较于哲学、历史、文学等较为成熟的人文学科而言,公共行政学的发展时间相对较短;但是,学术界对于其研究范围、研究方法与评价标准等多方面的讨论与反思从未停止过。正是在这些探索和反思的基础上,公共行政学逐渐确立了自己的学科地位,并逐渐向人们揭示出这一领域的学科思维、认知规律及其知识增长的内在逻辑。PAR 讨论[①]在公共行政学发展过程中具有举足轻重的里程碑意义:一方面,本次讨论对近几十年来,公共行政学的研究成果进行了全面而系统的梳理;另一方

[①] McCurdy 和 Cleary 于 1984 年初在《公共行政评论》(PAR)上发表的论文《为什么我们不能解决公共行政中的研究议程?》(McCurdy & Cleary,1984),引发一批作者以 PAR 为阵地,相继发表关于公共行政领域中研究方法的质量问题的讨论。White (1986)、Perry 和 Kraemer (1986)、Stallings (1986) 以及 Stallings 和 Ferris (1988) 等都参与到这场讨论之中。这些作者用学位论文摘要、PAR 及其他期刊中的文献、论点和数据,力图确认公共行政领域的研究与其他领域相比是否令人满意。详情可参见 Richard C. Box,《公共行政研究中的争论:一个检查》,载杰伊·D·怀特、盖·B·亚当斯《公共行政研究——对理论与实践的反思》,刘亚平、高洁译,清华大学出版社 2005 年版,第 62 页。

面，本次讨论所涉及的、对公共行政学研究方法及其评价标准等问题的思考，深化了学术界对于传统公共行政学研究范式的理性审思，使得更多学者将目光投向了对批判理论的学理性观照。

一　公共行政学的知识增长与研究状况：以 PAR 讨论为线索

关于对公共行政学的发展现状及其知识增长的逻辑审思，学术界始终存在着两种似乎截然不同的看法。

一种看法认为，自 1887 年 Woodrow Wilson 发表《行政学研究》一文以来，经过一百多年的发展，公共行政学作为一门独立学科已经逐渐确立了自己的学术地位，并明确了学科本身的研究对象、研究方法和一些基本的方法论原则。[①] 如果从大学的专业设置、学术期刊与出版物的发行量、研究机构与研究人员的数量等方面来进行考察，公共行政学确实已确立起自身独特的学科体系。与数学、物理学以及社会学、心理学、政治学等学科相比，尽管公共行政学发展时间较短，但它已经显露出强大的学科生命力，并对人们的社会生活产生着深远的影响。

另一种看法是，公共行政学这一学科自诞生之日起，学科设置的合理性就一直备受质疑，其知识增长过程也缺乏有效性论证。其原因可归结如下：首先，公共行政学的研究主题过于宽泛，且常常需要汲取大量其他领域的知识，难以被定义为一

[①] 参见彭和平、竹立家等编译《国外公共行政理论精选》，中共中央党校出版社 1997 年版，第 1 页。

门独立的学科；其次，由于该领域更多地关涉到人及其创造行为，所以对公共行政学的实践探究必然关乎人类发展的终极目标及其实现这些目标的手段。而这些都是颇有争议、尚待定论的论题；再次，由于处在瞬息万变的具体实践情境之中，公共行政学的研究常常缺乏时间维度上的共时性研究与历时性研究，而容易获得一些难以验证或推广的借鉴性经验。最后，公共行政学的研究者与实务者沟通之微，也间接导致了理论与实践间的长期隔阂。① 作为一门学科，公共行政学得以建立的合法性基础是其方法论。但当前公共行政学方法论研究上的滞后，不仅阻碍了西方行政学理论的系统研究，而且无法为政府治理环境的复杂性变迁提供合理的学理性解释。由于大量公共行政学研究未能形成并遵循规范、有效的研究方法，致使很多科研与学术成果缺乏整体性的制度设计与方法论证，难以形成一套普适性的规范性程序以供遵循。

显然，后一种观点更具反思性的深度。它更能反映出当代公共行政学者对本学科的发展所具有的责任感与审慎态度。从公共行政基本知识形态建构的角度而言，这种观点激发了人们对公共行政学的知识增长发展模式的研究志趣。那么，公共行政学究竟能否被视为一门独立的学科，并获得合法性的学科身份？这一学科的知识增长趋势与规律如何？人们又将如何对公共行政的方法论思想及其应用进行有益补充？这些都是公共行政学研究领域急需探寻的问题。

当前在高等院校及科研机构学者普遍认为，一门独立的学科必须具备科学的知识基础。公共行政学科的完善也对其方法论体

---

① 杰伊·D·怀特、盖·B·亚当斯：《公共行政研究——对理论与实践的反思》，刘亚平、高洁译，清华大学出版社 2005 年版，p. IX。

系提出了更严谨、更科学的要求。McCurdy 和 Cleary（1984，p.50）断言，"如果公共行政要成为一种成熟的研究领域，那么它就必须形成一种规范、严谨的评价标准"。他们特别指出了公共行政学中方法论指导及理论发展问题。他们把1981年以来的公共行政学位论文的摘要当作该领域方法论研究的现实依据，并指出这些研究在方法论及其创新方面的缺陷。这篇论文激发了部分学者加入了PAR关于公共行政文献中方法论基础及其方法论体系建设等相关问题的讨论。在讨论中，相当一部分作者认为现有的公共行政研究在方法上是非常薄弱的，因为它缺乏定量研究的严谨性（Houston & Delevan，1990，p.678），一些人甚至暗示公共行政学还不具备一门独立学科所应具备的条件。值得注意的是，McCurdy 和 Cleary 将公共行政研究的重点置于其"是否具备了传统社会科学所应具有的严谨、系统的科学评价标准"。这些传统评价标准主要包括：目的性、有效性、可验证性、因果性、论题重要性以及前沿性（McCurdy & Cleary，1984，p.55）等方面的标准。如果依照他们所强调的这些标准来进行评定，那么案例研究、历史研究、行政经验描述、行动研究项目报告、政治理论、哲学分析和社会批判等研究方法都无法对公共行政的知识增长及其学科体系建设作出重要的贡献。但不可否认的是，像在其他人文社会学科领域中一样，这些类型的理论成果对行政公共行政学研究方法的改进和研究质量的提升具有重要的意义。

作为一种回应，Richard C. Box 指出，一些 PAR 讨论文章导致了部分学者对公共行政学研究的过分悲观态度。因为这些文章不恰当地假定了公共行政学领域中的研究概念和研究范围，并明显偏重于将定量分析的方法作为公共行政学领域知识积累和方法论建设的合法性手段，甚至是唯一的手段。实际上，除定量分析方法外，公共行政学领域还存在着其他规范的、严谨的研究方法，通过这些研究方法同样可以使得人们获取感知真实、参与实践的有效途径。

而这部分 PAR 论文则只窥见到了公共行政学主流研究方法的一斑，并视之为全豹，因而在某种程度上导致了学界对于公共行政学方法论标准及其规范性研究的曲解。

由此，Box 提出，应采取更加积极开阔的视角，将公共行政学视为一种动态的、日益增长的知识领域。充分肯定多元化研究的价值与效力。①

显然，McCurdy 和 Cleary 以及其他一些学者所提倡的是主流社会科学的方法论研究路径。如 Richard J. Bernstein（1976）所言，他们相信"社会科学仅仅是在程度上，而不是在类别上不同于构建完备的自然科学。在自然科学领域获取知识的最佳路径就是效仿自然科学的研究方法与分析逻辑"。（p. xiii）。无论在研究方法的规范性，还是在研究结果的有效性上，都存在着一些严重的缺陷（Louch，1966；Winch，1958）。一方面，在自然科学和社会科学的研究对象之间有着根本的区别。另一方面，在自然科学研究领域中，一种科学方法只有当其理论证据已被确证时，才通常被认为是有效的；而在社会、政治、经济事务中，一种理论即使缺乏确凿的证据，也可能是一种有效的研究方法。因而，人们应当对此加以反思，摒弃方法统一的教条式研究，尤其是在社会科学研究中对自然科学方法的奴性

---

① ［美］理查德·C. 博克斯：《公共行政研究中的争论：一个检查》，载杰伊·D·怀特、盖·B·亚当斯《公共行政研究——对理论与实践的反思》，刘亚平、高洁译，清华大学出版社 2005 年版，第 63—64 页。

模仿。

在 PAR 讨论中，Thayer（1984，p. 552）强烈反对 McCurdy 和 Cleary 将公共行政研究套入狭隘的实证主义定量研究的"固化模式"中的尝试，Perry & Kraemer（1986）则倡导案例研究在公共行政中的广泛运用，并呼吁研究者应注重改进案例的研究方法；White（1986）则有力地论证了非实证主义研究——如诠释理论或批判理论研究的有效性。在指出公共行政研究的理性科学模式（rational science model）或实证模式的缺陷与弊病的同时，他强调，诠释研究与批判理论对公共行政知识增长作出了正面积极的贡献，使得公共行政学理论研究和实践研究之间关系的弥合有了新的发展契机。

Harlan Cleveland（1988）更加激进地宣称，"是时候摒弃那些把人类的政治和行政努力当作是某种科学的想法了"（p. 681）。Gregory A. Daneke（1990）在一篇关于公共行政学的知识积累和认识论的文章中．讨论了理性科学模式或实证研究之外的其他研究传统的有效价值，并力图赋予那些替代性研究途径（主要指诠释性研究和批判性研究）以合法性地位。

实际上，学界大多的理论成果未必是借助周密的计算方法或经过定量统计来分析问题的。而这些围绕公共行政学相关理论议题的探索、争辩和批判对行政管理人员及公共行政学研究者而言都是非常重要的。① 与其他学科尤其是人文社会学科相似，公共行政学在其发展过程中也同样出现了不同的流派、

---

① ［美］理查德·C. 博克斯：《公共行政研究中的争论：一个检查》，载杰伊·D·怀特、盖·B·亚当斯《公共行政研究——对理论与实践的反思》，刘亚平、高洁译，清华大学出版社 2005 年版，第 66 页。

研究旨趣与研究范式。在关于公共行政学知识增长与研究状况的讨论中，人们往往基于不同标准，对学科独立性、学科研究现状、知识增长趋势及其发展规律等问题作出不同的评价。不论这些评价是悲观还是乐观，它们都是有价值的，因为它们将持续地促使更多的学者对公共行政学相关的理论和实践议题进行思考：如何有效地获取、理解并运用公共行政学相关知识？如何创造性地引导人们采取更为有效的措施来促进社会变革？为此，人们应采取更加开放、多元的视角，充分地了解公共行政学的各种研究范式（包括但不限于作为主流的实证研究），将对公共行政学的知识体系建设与学科发展大有裨益。

二 公共行政学的三种研究范式

20世纪50年代以来，由于边缘学科、横断学科和综合性学科的出现和发展，使各学科之间的对话与交融日渐增多，越来越呈现出多元化和整体化的发展趋势，"范式"（paradigm）概念正是在此学术背景下产生的。Thomas Kuhn 的"范式"的概念和理论体系不仅引起了自然科学家的热烈讨论与共鸣，同时也受到了社会科学家的广泛重视。目前学界对这一概念的研究早已超出了 Kuhn 最早所赋予的含义和范围，被广泛地用于表征或描述一种理论模型、一种思维方式、一种共同体的共识或者一种理解现实的体系。相应地，在科学研究中尤其是社会科学研究中，范式的选择从来就不是专断的、单一的。在很大程度上，我们甚至可以说，有多少流派或学术团体，就会有多少种不同的研究范式。①

Habermas（1971）认为，在人类的社会文化生活中存在着三种认知兴趣或理性模式：技术的兴趣（工具理性）、实践的兴趣（诠释理性）、解放的兴趣（批判理性），它们各自从社会文化生活中的劳动、语言与权力这三种要素之中衍生出来。可用下表来描绘 Habermas 的知识论架构：②

表 1-1　　　　　　人类社会文化生活中的三种认知兴趣

知识形式	解释（实证）	诠释	批判
方法论架构	律则性假设的检证	作品的诠释	自我反省
科学类别	经验性—分析性科学	历史性—诠释性科学	批判取向的科学
认知兴趣（理性模式）	技术兴趣（工具理性）	实践兴趣（诠释理性）	解放兴趣（批判理性）
取向（关注）	技术性控制	互为主体间的了解	解放、自主、负责
行动类别	工具性的行动	沟通行动	被有系统扭曲的沟通
生活要素	劳动	语言（互动）	权力（宰制、支配）

与上述知识形式相对应，社会科学中也存在着三种不同的

---

① "范式"（paradigm）概念是美国科学哲学家 Thomas Kuhn 在《科学革命的结构》一书中最早提出。其要义大概包括：（1）范式是一种全新的理解系统，即有关对象的本体论、本质与规律的解释系统；（2）范式是一种全新的理论框架，即构成该学术群体的研究基础及范围、概念系统、基本范畴和核心理论；（3）范式提供的是一种全新的理论背景，即范式是一个学术共同体学术活动的大平台、论坛、舞台；（4）范式是一种方法论和一套新颖的基本方法；（5）范式表征一种学术传统和学术品种（学术形象），标志着一门学科成为独立学科的"必要条件"或"成熟标志"。Kuhn 认为科学界是由一个流行的范式所控制的，那个范式代表科学界的世界观，它指导和决定问题、数据和理论的选择，直至另一个范式将其取代。本文借用 Kuhn 的概念。但公共行政学是否"科学"仍是一个问题。严格意义上的"范式"更难以说起。并且，本文所强调的不是范式的"取代""更替"之义，而更多地关注研究范式的"竞争"或"转换"。

② 转引自颜良恭《公共行政中的典范问题》，台北：五南图书出版公司 1999 年版，第 170 页。

研究类型（Habermas，1971；Fay，1976）：解释性（或实证的）研究、诠释性研究与批判性研究。解释性研究旨在基于解释性的预测，尝试控制社会事件的发展进程；诠释性研究寻求对社会事件和人为事件的理解，努力扩展我们生活的意义；批判性研究则质疑我们的信念和行为的效力，以更好地促使人类的自我发展与解放。由于这三种不同的研究类型拥有着各自不同的思想基础、方法论原则与理论系统，并且在一定程度上形成了迥异的理论特质，我们不妨借用 Kuhn 的概念，将它们称为"公共行政学研究的三种范式"。

自然科学和主流社会科学都是典型的解释性研究，一些历史学、人类学、社会学、法学和文学批评提供了诠释性研究的范例，新马克思主义者对意识形态的批评则在很大程度上展现了批判性研究的理论逻辑。这些研究范式的分析和推展是在跨越自然科学学科、哲学思维传统和人文学科体系的一系列过程中逐渐提炼出来的。如果我们能够超越主流社会科学模式的局限，对三种研究范式进行更加全面的考察，我们会发现不同范式之间的争论与交流。在近数十年中，公共行政学领域出现了一系列比主流社会科学方法更具反思性的话语形式及方法论体系，它们也成为数十年来公共行政学学科发展脉络的重要指征。在公共行政学中，这三种研究范式的哲学基础已经得到了初步的论证（Denhardt，1984；White，1986）。

如果按照 Burrell & Morgan（1979，p.3）的分类，我们可将解释性研究归结为社会科学中以客体为主的研究途径（objectivist approach），将诠释性研究与批判性研究归结为社会科学中以主体为主的研究途径（subjectivist approach）。总体而言，它们在本体论、认识论、人性论与方法论这四组哲学论题上表现出

如下的差异：①

表1-2　　　　　两种研究途径在哲学论题上的差异

	以客体为主的研究途径	以主体为主的研究途径
本体论（ontology）	实在论（realism）	唯名论（nominalism）
认识论（epistemology）	实证主义（positivism）	反实证主义（anti-positivism）
人性论（human nature）	决定论（determinism）	意志的知识（voluntarism）
方法论（methodology）	律则性知识（nomothetic）	个例性知识（ideographic）

在公共行政研究的范式角逐中，声称"价值中立"的、以客体为主的研究途径显然一直处于优势，而以主体为主的研究途径则大多处于弱势地位。那么，解释性研究、诠释性研究与批判性研究是如何在公共行政学中铺展其各自的知识话语体系，并展开相关的范式分析的？下文将从历史渊源、理论基础和发展趋势等方面对三种不同类型的研究范式做出解析。

（一）解释性研究

解释性研究或实证论传统最早可追溯至 Comte，其后由 Wittgenstein 与维也纳学派（Vienna Circle）加以补充与完善，并逐渐发展为对社会科学领域影响深远的实证主义方法。在20世纪初到中叶，实证主义方法曾主宰着英美主流哲学思想。它本来是基于仿效自然科学的研究方法而创设，但是很快便扩展到人文、社会科学领域，其主要的理念深深地影响着人文社会科学的方法论基础（颜良恭，1999，pp. 155-156）。

---

① 参见 Gilbson Burrell and G. Morgan, *Sociological Paradigms and Organizational Analysis*. London：Heinemann Educational Books, 1979, p. 3。

概括而言，解释性研究通常体现出如下几方面的基本特点（颜良恭，1999，pp. 156 – 157）。

1. 认为经验主义的方法论，同时适用于自然科学与社会科学的研究。他们假定获取知识的唯一途径，是通过运用严格的、严谨的自然科学的研究方法来分析和解决社会问题（Fay，1976，pp. 18 – 29；Denhardt，1984，p. 154）。

2. 认为所有关涉感觉经验的陈述必须基于对社会行动者的行为所作出的中立而客观的观察，只有这种中立、客观的观察，才是探索和发展科学知识最有效的途径（Harmon & Mayer，1986，pp. 287 – 288；Burrell & Morgan，1979，p. 5）。

3. 严格区分社会事实命题与价值命题，区分实然选择与应然选择，为了确保研究命题的真实性与准确性，社会科学家既不能作出预设（presuppose），也不能加入自己的判断与主体意识（Fay，1976，p. 65）。

4. 科学探究的目标是获得可陈述的知识，以便解释、控制与预测人类之行为。解释通常被界定为用以描述行为的功能，找寻行为的深层次原因，并总结出一套科学的行为规律来预测行为发生的可能性（Van Dyke，1960，pp. 22 – 24）。因解释而得以预测，因预测而得以控制（Denhardt，1984，p. 155；White，1986）。而一种社会理论能否对社会事件发生的可能性进行有效预测，也就成为评判该理论解释力效度的重要标准（Fay，1976，p. 43）。

5. 科学家的研究旨趣往往在于解释和创造知识。而对于知识实践应用的关注则相对较少。因此，理论和实践的联系相对薄弱（Denhardt，1984，p. 154）。解释性研究试图建构能够对自然规律和社会事件进行合理解释和科学预测的一种理论。解释性研究的逻辑遵循"演绎—法则"模式和"归纳—概率"模式。根据解释性研究的内在运作逻辑，通常以如下方式进行。

如果 P 发生，则 Q 发生；若已知 P 已经发生，则"Q 将发生"的结论将可推演出来。其中，大前提是陈述因果关系的规律性的陈述："如果 P，则 Q。"小前提是对具体情境的阐释："P 发生了。"其结论"那么 Q 发生"既是解释性陈述，同时也是预测性陈述。Q 的发生的概率可以通过"P 已经存在"这个前提，则可以预测 Q 的发生。解释将社会事实置于法则般的陈述之下，而预测则是运用这种规律去预测社会事件发生的可能性。在当前的公共行政学研究中，一些政策分析技术如因果模型、线性程序和"输入—输出"分析都假定了变量之间的演绎因果关系。与之形成对照的是，归纳性解释采用统计概率规则，用以说明"在构成随机实验的某种条件下，某种结果将会以特定的（通常较高的）比率发生的过程"（Fay，1976，p. 36）。当前提预设条件发生后，它们将为某一事件已经发生或将会发生的结论提供归纳性支撑。由此，这种归纳性解释从对特定事实的观察转向对更大范围事件的总体性推论。在当前公共行政学中，关于组织行为的大部分研究采用的是归纳模型。尽管解释性研究往往被研究者用于对社会现象的科学解释、预测和控制，但对理论能否有效应用于现实这一议题却时常得不到研究者的重视。

在公共行政学中，解释性研究所秉持的理念在于，理论只是作为有效实现社会管理与控制的一种工具，而对普通民众的利益、兴趣和需求却不加以考量（Denhardt & White，1982，pp. 164 - 165）。同时，依照解释性研究范式，理论命题是基于外在可观察的行为而推演来的。

但外在行为却未必是个人内心的真实意愿的外在反映。这种将个人内在经验排除在研究过程之外的现象，必然会导致理论与现实的二元对立（dichotomy），在解释性研究范式的推展下，研究者往往只强调对于方法论的关注，忽略了理论与现实生活的相关性，其研究方法的科学性和有效性问题也不得不引发人们的反思和重视。事实上，解释性研究并不是人们获得知识或真知灼见的唯一途径，人们还可以通过诠释研究和批判性研究从事相关理论知识的探索。

（二）诠释性研究

诠释性研究以现象学、诠释学和语言分析哲学等学科为基础。诠释理论最早受到 Kant 的观念主义（idealism）理论的影响。Kant 指出，在人的意识之内必然存在着先天的组织原则，依据这些组织原则，人们将自身获取的感官信息加以收集、整理，形成对事物的新认知。

先验知识独立于外在实体，被视为精神世界（mind）的产物，而诠释过程就是在先验知识之内运作的（Burrell & Morgan，1979，p. 227）。Dilthey 也认为自然科学是探讨物质世界的外在过程，而人文科学则是关心人类精神世界的内在过程。因此他主张人文科学需要一种以理解（verstehen）为基础的研究方法，透过它来理解人类内在精神及感受，以及这些感受的外在表现形式（Burrell & Morgan，1979，p. 229）。Weber 更进一步发展了 Dilthey 的理解方法，认为社会科学的主要功能就是诠释（interpretive），即了解人们社会行为背后的主观的意义。现象学家 Husserl、Schutz 以及同时代的哲学家如 Heidegger、Sartre 及 Merleau-Ponty 等人也对诠释理论形成和发展作出了重要的贡献

(Harmon & Mayer，1986，p. 293）。Silverman 的"行动参考架构"（action frame of reference）、Harmon 的"行动理论"（action theory）等，都是诠释理论的重要代表。

诠释性研究让我们更好地了解社会环境中行动者的言行背后的意义，并探究这些行动者如何将社会行动的意义赋予社会情境以及自身及他人社会行动的过程之中（White，1986）。

值得注意的是，社会行动发生在由社会建构而来的、与他人约定俗成的规范、规则、价值、实践与期望中。这些规范、规则与价值的认同并不是由外在的社会情境强加于个体行动者之上的。而是从行动者自身的价值观和理念出发，来确证他们的信念与行动意图（White，1986）。诠释性理论旨在深化研究者以及那些卷入社会情境的人对自身所处社会情境的理解与认知。诠释理论所表现出的基本特点是（White，1986）：从行动者、行动者自身的价值观和理念出发，来确认他们的信念与行动意图。

1. 对行动（action）和行为（behavior）作出区分，① 焦点集中于对意向行动的诠释，而非实证主义的因果行为的解释。

2. 关注诸如规范、价值、意向、规则与实践等对行动者所产生的意义，而这是实证主义者常常忽视的。

3. 力求帮助社会行动者理解他们自身所处的社会情境，并思索改变其社会情境的有效方式，而不是由社会学家代替他们进行选择。因为社会学家的理论主张可能不符合行动者自身的要求（颜良恭，1999，pp. 161-162）。

由此可知，诠释理论的目的是增进在特定情境内，人们在

---

① 诠释理论认为，行动（action）是有意识及意向的（intentional），而行为（behavior）则没有（Catron & Harmon，1981，p. 536）。

沟通活动中的互相了解（communicative understanding）（Apel，1977，p. 429；Denhardt & White，1982，p. 66），从而"扩大行动主体间的相互了解与自我了解的可能性"（McCarthy，1978，p. 56；White，1986）。

当我们想要理解某事时，通常会采用诠释性推理。诠释的逻辑遵循诠释循环，即意义产生于行动者对整体与部分之间关系和模式的认知。这是一种比较参照的过程，其中对某事件的理解是通过将之与已知的事件进行比较而获得的。其逻辑是：整体解释部分，部分也对整体进行说明。所以，诠释的逻辑是循环的，而不像演绎模式和归纳模式那样是线性的。诠释性研究的根本目标在于引导行动者对自身所处的社会关系形成更完整的理解，提升人类认识世界和改造世界的潜力。Palmer（1969）指出诠释理论具有参照性的特质："理解从某种程度上来说，是一种参照的过程，我们通过将某事物与我们已经知晓的事物进行比较参照，进而形成对这一事物的理解。"（p. 87）

诠释理论的缺陷如下。其一，行动者可能会忽视或质疑诠释研究者的洞见，而无法吸纳不同的观点来重新审视自身行动及其所处的社会情境所赋予的意义（Fay，1976，p. 90）。其二，诠释学隐含了保守主义（conservatism）的思想假定，它假设社会秩序是先天的、有连续性的线性结构（continuity），而忽略了社会发展中的冲突结构所带来的变迁。因此，当社会发展出现急剧变迁时，人们在诠释理论的指引下，往往倾向于向既有的社会秩序妥协，亦即以现有社会秩序规范为基础来塑造人们对自身以及他人行动的看法（Fay，1976，pp. 90 - 91）；或者说，毫无批判地接受现状（Harmon & Mayer，1986，p. 302）。其三，诠释学认为，假若行动者容易受制于他人，并在他人的诱导下形成了某种错误的意识形态（false ideologies），亦即这种错误的意识形态在某种程度上限制了个人的自由与创造力，那么它就必然要受到批判（Denhardt，1984，p. 167）。就此而论，公共行政学中的诠释学研究还存在着一些缺陷和不足之处，而这些不足终将是未来批判理论发展和完善的重要动力。

（三）批判性研究

批判理论源于黑格尔哲学，尤其植根于黑格尔对理性以及这种理性所包含的自由历史观的揭示。① 这种历史观把社会生活中存在的"事实"看作自由进化的偶然部分，所以从更深的层次看，隐藏的事实比外显的事实更重要，因为既定的事实被看作一种限制自由进化的因素，所以它往往被视为一种消极、被动的因素。为了助推未来人类自由与解放事业的发展，社会理论的任务就是要揭露当前社会的假象。② 相应地，Denhardt（1981）认为，通过对现实与当下行动的批判是可以实现这一目的的。

马克思将黑格尔的辩证推理投向于社会统治（domination）现象的分析，他认为理论不仅仅是解释社会现象的工具，也是推动社会变革的重要基础。马克思的著作中经常出现"批判"（critique）一词，他批判的主要焦点集中于由资本主义社会生产关系中诞生出来的各种支配关系（颜良恭，1999，p. 165）。就批判的对象与方法而言，现代批判理论在某种程度上，是对马

---

① G. W. F. Hegel, *The Phenomenology of Mind*, trans. J. B. Baillie, New York: Harper Torchbooks, 1967.

② 一般认为，批判理论（critical theory）形成于1920年代，时值第一次世界大战后，欧洲弥漫着悲观，甚而幻灭的讯息。因而其理论特色往往表现为质疑、反思甚至挑战、颠覆。参见黄瑞祺《批判社会学》，台北：三民书局2001年版，序言 p. II。

克思资本主义批判理论以及对韦伯社会理性化理论等进行借鉴和总结的基础上逐渐形成的。

Max Horkheimer（1972，pp. 188–243）曾经对批判理论与传统理论加以区分。按照 Horkheimer 的观点，传统理论在自然科学和社会科学中的表现是非常相似的：它由若干命题组成，这些命题所涉及的都是在逻辑体系中彼此关联的给定对象，并直接与实证经验中的可观测事件相联系。相应地，科学家把传统理论视为一种信息和数据资料积累的有效手段，而信息和数据资料的积累为研究对象理论体系的建构提供了基础性的条件。Horkheimer 认为，科学在发展解释性陈述和预言性陈述的过程中为实现"控制"提供了理论基础。这首先表现在对自然的控制上，此后又表现为对人类自身的控制之中。和传统理论形成对照的是，批判理论承认，在我们自身的努力和社会强加给我们的限制因素之间存在着一种张力或冲突。而对这一点，人们也仅仅隐约地有所意识。正因此，批判理论的任务就是要成为揭露这些张力或冲突的工具，并进一步允许我们追求自己的自由。Horkheimer（1972，p. 210）指出："批判思想……今天确实通过努力得到了激发，以克服我们自身行为建构和社会强加给我们的限制因素之间的各种张力，并且消解个体之间的目的性、自主性和理性，以及在那些使社会得以建立的互动模式和人际关系中存在的冲突或对立。批判思想在与人自身的冲突之中把握人的概念，直到这种冲突被消解为止。"基于此，Denhardt（1981）认为，因为批判理论旨在为人类解放提供机会，所以它必然与行动相结合，与追求个体的真实意愿的行动相统一。

到目前为止，现代的批判理论学者中最具影响力的是

Habermas，其学说最大的意义在于其进一步发展了社会批判理论的基础。在从早期的认识论进路转向后来的语言沟通进路的过程中，他的每一个阶段的研究都对人文社会科学产生了重大的影响（黄瑞祺，1986，p.121）。但值得注意的是，批判理论对公共行政研究的影响一直到20世纪70年代末才开始显现。

在 Geuss（1981，p.61）看来，批判性研究试图改变人们的信仰和行为，希望通过强调人们信仰和行为的无意识因素来满足人们的内在需求。Denhardt（1984，p.167）也强调，批判性研究"认识到在我们自身的努力和社会环境之间存在着某种张力——甚至只是模糊地认识到，我们自身的努力为我们所意识的环境强加给我们的限制之间存在着某种紧张。理论的作用就是揭示这些冲突，从而使我们得以追求自身的自由"。或者说，批判旨在指出真与假、善与恶之间的矛盾，引导我们遵循真与善的规则行事。正如 Anthony Giddens 所描述的那样："批判理论不把社会世界视为一种一成不变的结构，而是不断提出质询：到底哪一种社会变迁才是适当可行且值得探寻的，而我们又将如何达致这些目标？"[①]

当我们判断事情的真假、好坏、正义或邪恶、美或丑时，我们可以使用批判性推理来进行判断。这些批判的逻辑包含自我反省："联系某一物体、人或社会情境来思考自身的思想和行为的能力。"（Denhardt & White，1982，p.166）或者说，这是一种与某人或某物体联系的情境或关注点——可以是一个物质体、另一个人或者一个概念——以此来审视自我的能力（White，1990）。这种自我反省是对事实和价值进行判断的基础——认识

---

① ［英］纪登斯：《批判的社会学导论》，廖仁义译，台北：唐山出版公司1992年版，第152页。

到事情并不总是如它们的外表所显示的那样，应该从不同的角度来理解，或者说认识到事情并不总如其应然的方向发展，所以为那些卷入其中的人考虑，就应该思索如何进行变革。说某事是"真或善"就假定了它可以与某些"假或恶"的事相关联。倘若缺少这样的关联，人们就无法作出批判性判断。只能通过了解某人对某事的想法和感觉来作出判断。这就需要建立一种自我反省的关系，亦即人们在社会环境中借助于他们所关注的对象来实现自我的觉察（原词是观察）。在此，自我和客体同时被纳入批判性研究的视野。由此，就可以对某人及其所处环境中的事、人或事件之间的本质真相或恰当性进行意义判断。① 然而，人们往往会提出这样的疑问：批判理论在多大程度上经得起检验，并运用于公共行政的实践呢？因为，人们实际上很难对批判理论加以把握、概括，虽然它们通常都极有见解、具有启发意义，但是它们的理论线索却往往是模糊的和高度异质性的。为此，我们必须进一步考察它在公共行政研究中的影响、价值及其发展历程中的具体特征。

三 公共行政学中的范式竞争与批判性研究的出现

为进一步考察批判理论在公共行政研究中的作用、价值及其发展历程，首先应当对公共行政研究的范式竞争有所了解，这样才能更好地认识批判理论的特质以及它对公共行政领域所

---

① 参见赫希（Hirsch，1967，1976），载［美］杰伊·D·怀特、盖·B·亚当斯《公共行政研究——对理论与实践的反思》，刘亚平、高洁译，清华大学出版社2005年版，第37页。

作出的贡献。

（一）研究范式的竞争

受强势的实证主义思想尤其是实证主义科学哲学的影响，人们一度以为，只要严格遵循解释性的"演绎—归纳"模式所要求的推论规则、客观中立的观察性语言以及坚持普适性的理论标准，科学知识的理性就可以得以保证。然而，迅速发展的后实证主义科学哲学拒斥了上述观点，转而崇尚建立在诠释与批判逻辑基础上的关于理论选择的实践理性。

后实证主义者 Paul Feyerabend（1975）认为，用以判断科学真实性或理性的独立普适性规则从来没有存在过，也不可能存在。然而，用以判断解释性、诠释性和批判性知识是否恰当的理性规则的确是存在的，但是它们不具有普适性，也无法独立用于诠释和批判。它们是在诠释与批判的过程中形成的，而且随着诠释和批判过程的深入而加以调整和改变。

Karl Popper（1966, pp. 444 - 453）率先发起了对实证主义科学哲学的进攻。他认为科学是一个不断的猜想与反驳的过程：科学陈述的客观性在于它们能够经受主体之间的相互检验，而不在于其与中立的观察性语言的吻合。具体而言，客观性往往表现为对某一观点、假设或理论的进一步检验，看它是否可以被证伪或被反驳。一个观点越能承受得住批判，它就越真实，也就越值得信任。然而，一旦它被证伪或被驳倒，就产生了一种竞争的理论。在某些情况下，竞争的理论可能明显比被驳倒的理论更好，因此人们很容易接受它并对其进行进一步的检验。但在另外一些情况下，可能很难确定哪种理论更好。这就要求对它们进行进一步的检验，并对其结果进行更为详尽的诠释。

基于此，Popper 就把客观性的判断标准从事实本身转变为批判与诠释。但是，这也带来了如何选择恰当的理论来解决这一问题，即它只能通过更进一步的批判与诠释来加以解决（White & Adams，2005，p. 44）。

Thomas S. Kuhn（1970）在其重要著作《科学革命的结构》中提出了规范科学、问题解决、科学革命、范式及范式转换等影响深远的概念，并指出诠释与批判在理论选择的实践理性中的重要性。Kuhn 认为，解释性研究的演绎模式以及中立的观察性语言概念对科学知识的发展与增长并无直接的推动作用。解决问题是常规科学的任务，而范式则引导着常规科学的活动，也促进着科学知识转换为更全面、更精确的问题解决路径。在问题解决过程中，当突发或异常现象出现而无法适用于原有范式的时候，范式就开始面临新的挑战，可能导致不被广泛接受的新科学知识的出现。由此，"异常科学"产生，创设了据称能解释异常现象的竞争性范式，并接受研究共同体的检验。于是，研究者将面临的核心问题是：我们将通过什么样的标准来选择某种范式或理论？

在公共行政领域，解释性研究或实证主义研究范式一直都占据主导地位，诠释性研究与批判性研究则无论在方法上还是在成果上都显得相对薄弱。然而，人们将会越来越明显地发现，研究范式的竞争对这一领域的发展起着重要的推动作用。在不同研究范式之间所发生的争论与互动，时常极具开拓与启发意义。

（二）批判理论在公共行政研究中的价值

人们习惯于将解释与预测视为科学生活和行政生活中的

"事实"（fact）。那么，诠释和批判也同样应该被看作公共行政知识增长的合法贡献者——公共行政的大量重要知识正是在诠释和批判的过程中得以发展的。遗憾的是，这种诠释和批判的过程时常被人们所忽略。几乎没有人会怀疑 Dwight Waldo（1948）的著作《行政国家》（*Administrative State*）对公共行政学所作的贡献。① 但是如果使用 McCurdy 和 Cleary（1984）的因果性、可检验性和有效性标准，Waldo 的成就就会因难以验证和量化而大打折扣。他们的其他标准，如目的、论题重要性及前沿性似乎是合理的。但由于有效性、可检验性和因果性的标准源于解释性理论的正统模式，因而必须根据具体情境对这些标准进行重新思考和调整，而不能将其强加于所有类型的研究范式之上（White & Adams, 2005, pp. 46 - 47）。

诚然，任何形式的研究都需要方法与标准。但同时，也需要用某种实践推理来证明我们所使用的方法与标准的正当性。在 Jay D. White 看来，这种实践推理在根本上属于诠释与批判的范畴。② 它在很大程度上称得上是一种政治性努力（political endeavor），它要求人们说明为什么应该遵循这一规则而不是另一规则，或者为何满足这样的标准而不是另外的标准（White & Adams, 2005, p. 17）。在诠释性和批判性研究中，质量标准也是同等重要的。

---

① 令人感到十分遗憾和奇怪的是这部公共行政学史上极为重要的著作至今仍没有中译本。

② 本文所说的三种研究范式的逻辑根据与后现代的反理性主义和相对主义立场是相互对立的。这三种研究类型及其产生的知识都是理性的，因为它们使用的推理模式可以从探究的本质过程中逻辑地重构出来。在很大程度上，实践理性可视为这三种研究范式的共同基础。参见［美］杰伊·D·怀特、盖·B·亚当斯《公共行政研究——对理论与实践的反思》，刘亚平、高洁译，清华大学出版社 2005 年版，第 16 页。

叙事知识发展和运作逻辑与实证研究一样，需要进一步清晰地建构。正因此，White 和 Adams（2005，p. 17）认为，公共行政学家必须参与到研究逻辑的思考与重构中来。科学哲学近几十年来的一些理论发展对控制、诠释与批评的行政经验产生了较大的影响。这些理论强调了在解释性知识的增长中诠释研究和批判研究的重要性，也明确了这两种研究路径作为独立研究范式本身的重要性（White & Adams，2005，p. 41）。

然而，与诠释研究一样，批判研究时常受到忽略。这在很大程度上是因为这两种研究所运用的推理模式与人文学科似乎有着根本性的紧密关联，而人文学科则一直被认为与自然科学遵循着完全不同的探究逻辑（事实上也确实如此），所以诠释研究与批判研究的逻辑经常被错误地视为非理性甚至是反理性的。同时，批判研究受到忽略的原因还可能基于这样一种事实：科学哲学家们过于狭隘地重构了科学探究的逻辑，而忽略了诠释研究与批判研究在科学探索中的作用。例如，实证主义者 Ernest Nagel（1961）一方面承认诠释与批判的方法可以进入到"探索的语境"；另一方面，它们却在"有效性逻辑的语境"里全无一席之地，因为后者强调严格演绎性的过程。确实，演绎推理的规范运用及其严格有效性的验证方法使解释性研究不同于诠释性研究和批判性研究，但是如果仅仅借助演绎的有效性来界定科学探究未免过于狭隘，它还远不能确切地描绘出科学研究的全貌。实际上，如果没有诠释性推理和批判性推理，有效性语境本身就变得毫无意义，因为从演绎推理得出的结论仅仅是一种结论而已，它本身的研究意义和重要性才是真正有价值的议题。人们完全可能进一步地追问：这个结论在现有理论的情境下是否有意义？——它能否进一步地证实或推翻先前的结论，它能否改变现有的理论知识体系。显然，仅仅靠演绎推理是无法回答这些问题的。诠释研究的任务在于使结论有价值、有意义，批判研究的使命则在于确证这种新的结论是证实还是推翻了原有的理论体系（White & Adams，2005，p.15）。新结论的引入给原有理论结构所带来的任何潜在变化，都要求批判性研究进行论证。研究者必须将他们自身的理论假设以及他们对现有理论的所知置于包含有新结论的研究图景中。只有当他们认识到他们在理论上的所知和新结论之间的逻辑关系，他们才能判断出新结论是否与既有的理论知识体系相一致。这样，批判理论的功能就表现在检验、监督、质疑与反思的过程之中。它既扎根于具体的现实世界，更深入到抽象的理论世界中。

与纯粹的哲学研究、语义研究的学者式研究旨趣稍有不同，行政人员更加强调批判性研究应专注于真与假、善与恶之间的矛盾。因为这种矛盾最终将导致信仰系统和价值系统的变化。从这一意义上说，批判性研究是错误识别和评价的价值基础与有力根据。行政人员希望他们关于现实的所有模型（从他们脑海中最简单的意识到复杂的数学表达式）都做到尽可能的精确，否则，他们认为他们所实施的行政行为就有可能被误导甚至是阻碍学术研究的发展。同时，行政人员还将思索，应如何准确地推展研究过程。他们想要知道应该追寻什么样的目标以及应该选择何种手段来确保研究过程的有效性（White & Adams，2005，p.40）。批判性研究提出了关于现实的感知问题，并试图运用解释性研究和诠释性研究来纠正和确证这些感知。例如，当遇到"我们存在激励上的问题"这样的陈述时，在没有进行自我反省与批判推理之前，我们是不能评价这句话的有效性的。这种自我反省与批判推理要求联系该陈述和其他相关的可能问题来实现对自我的观察。此外，批判性研究还关注什么是善恶的问题。由此，它使得评价易于进行，并创造条件使得那些纠缠于事实/价值二分的、被主流实证研究所忽略的因素重新受到应有的重视。

可以这样说：实证研究专注于"过去是什么或现在是什么"的描述性陈述以及"将来可能是什么"的预测性陈述，批判性研究则集中于"某事物具有怎样的价值"的评价性陈述以及"应该是什么"的规范性陈述。于是，在公共行政领域中的问题建构方面，批判性研究将会有用武之地。例如，William Dunn（1981，p.133）指出，这恰是政策分析中较少为人所关注的部分。现实情境与理想情境之间的失衡，正是产生这一问题的直接根源。在公共政策发展过程中，批判性研究的作用就在于识别出实然与应然之间的差异，并适时作出自我反省。事实上，自我反省的逻辑与错误识别的逻辑是相通的，但是，批判性研究更进一步地要求我们对自己相信是正确的、感觉是正确的事情，以及自己希望的、为使事情正确所做的行动作出一系列评价性和规范性的讨论。如果说传统理论（主流实证理论）只是助长和维护着现有的秩序而不求改善的话（Bernstein，1978，p.182），那么，批判理论的功能就是要影响人的意识，并力求达到最后的解放并追求一种新的生活方式（Burrell & Morgan，1979，p.297）。批判理论讨论的主题相当广泛，包括科技、法律、官僚体制，甚至人权、性别等。而穿梭于各研究主题的基准线，则是反对价值中立，并主张社会科学应该致力于社会变迁以及改善社会的生存环境（Harmon & Mayer，1986，p.318）。

总体而言，批判理论是三种研究范式中最激进、最具开放性的，因为它质疑我们最基本的假设与最普遍的信念，并要求我们对假设与信念做出合理的评价，并以此作为社会行动的基础。应当说，批判性研究并非总是能够获得学者与实践者的支持，或得到公众的赞同或满意。它也并不总能改变人们的信念系统，但是这种批判性研究仍具有潜在的价值。当人们陷入对现实的误解或当社会或组织的规范结构压制他们对自由与民主、增长与发展的需求时，人们就可以考虑采用批判性研究来实现对社会现实的反思。

（三）公共行政学中批判性研究的出现

Richard C. Box 和 Cheryl Simrell King（2000）指出，目前在公共行政学中，批判理论仅有很少的拥护者。主要原因在于：其一，在我们所处的时代中，主流研究成果占据了压倒性优势，而批判理论所作出的反思、质疑及相应的替代性构想给人的印象往往是根据不够充分、过于苛责甚至有多此一举之嫌；其二，批判理论的研究方法往往带有烦冗晦涩的哲学色彩，这使得很多人望而却步，不愿涉足其中；其三，由于公共行政学是一种应用性很强的专业领域，批判理论却通常难以设计出具体可行的行动方案，或具体承诺出某种特定的变革结果，这在一定程度上带有"破"多"立"少的颠覆性与空想性，从而降低了人们对它的信赖与选择。

因此，直至 20 世纪 70 年代末至 80 年代初，才有一些学者开始认识到公共行政学的发展需要诠释性研究和批判性研究。其中 Robert Denhardt（1981a）关于批判性研究对公共组织中的作用、决策和行动的影响都做了较为全面的论述。他的研究拓宽了我们对其他形式的行政行动的理解，具有开创性的意义

(White & Adams，2005，p. 38）。Denhardt（1981a）明确宣称，"正是通过 Habermas 的著作以及其他人的理论，我们将可以考虑利用批判方法的某些方面来研究公共组织"。在著作《在组织的阴影中》里，Denhardt（1981b）大量吸收了 Habermas 和法兰克福学派其他学者以及后弗洛伊德主义的精神分析理论家如 Jung、Otto Rank 和 Ernest Becker 等人的研究成果（马骏、叶娟丽，2004，p. 16）。Denhardt（1993，p. 183）强调，批判的观点认为，不论我们是否能清楚地察觉到社会状态会对我们造成的限制，这种限制都与我们的行动之间存在着某种紧张关系。批判理论的作用正是去揭示这些矛盾，从而使我们能实现我们的自由。

Denhardt 的批判性分析从组织与组织理论开始。在他看来，主流的组织理论或组织研究的一个基本假设是：组织目标最为重要。因此，组织研究总是应当专注于寻找达致组织目标的有效方法或者手段。但是这种假设是有待商榷的。因为这其中隐含了一种风险：人们在追求组织增长与效率同时，可能要以牺牲个人利益为代价。基于关注个人利益及社会解放的批判立场，Denhardt（1981b，p. xiii）指出，组织研究应当"更多地关注个人的成长而不是生产过程的效率"，从而在组织中确立起更加明确的个人自主和责任感（1981b，p. 14）。Denhardt 对主流组织理论所提出的旗帜鲜明的疑问与挑战，对年轻的公共行政学研究来说，不啻一场革命。

1998 年，Guy B. Adams 和 Danny Balfour 出版了《揭开行政中的罪恶》（*Unmasking Administrative Evil*），书中所展示的大胆而彻底的批判视角，以及不同寻常的论述方式，引致了学术界的诸多争议。Adams 和 Balfour 分析了现代公共行政体系中没有被外界或被官僚机构自身意识到的潜在的罪恶面。他们对现代社会中占据了统治性地位的"技术理性"（technical rationality）进行了大力批判。他们认为，完全依赖和运用这种技术理性去解决社会和政治问题的后果是，将产生一种全新的、可怕的罪恶，即在行政活动中带着某种合理与科学的面纱的罪恶。而且，公共行政人员或政府官僚很容易在没有从事罪恶活动的目的的情况下，不自觉地从事了罪恶的活动。他们对纳粹大屠杀和挑战者号爆炸这两个影响巨大的案例进行了系统的批判分析，并有力地揭示了公共行政中的罪恶产生与实施过程（1998，p. 4）。

通过这本书，Adams 和 Balfour 让更多的人注意到公共行政研究中批判理论的魅力：这一理论能够提供极具穿透力的分析思路，在人们视为理所当然的地方出乎意料地发现新问题，并对其作出新颖独特的分析。然而与此同时，一些坚守解释性研究范式的公共行政学者则对此表示了强烈的不满。Melvin Dubnick（2000）从实证主义角度出发，指出 Adams 和 Balfour 并没有为他们所提出的充满争议的观点作出令人信服的论证。在 Dubnick 看来，这主要是因为 Adams 和 Balfour 的数据收集和分析并不符合我们通常所熟悉的那种实证主义的研究设计，尤其是在利用历史事实来为其理论学说提供支持时更是如此。因此，他甚至认为《揭开行政中的罪恶》只是一本流行一时的畅销书，而不是严格的学术著作。相应地，也有一些公共行政学者如 Margaret Vickers（2000）、Hubert Locke（2000）等高度评价了 Adams 和 Balfour 的著作，并指出 Dubnick 的批评是不公平的。在他们看来，Dubnick 的批评似乎是在宣称：只有符合实证主义的研究才是合乎规范的学术著作。Vickers（2000）特别指出，如果我们承认诠释、批判和后现代的角度与范式具有其自身的价值，而不是偏执于实证主义研究的决定性地位的话，那么 Dubnick 所说的"严格可信的学术标准"就可能只是一个含混的概念。他还强调，我们应当注意到目前社会科学领域中的研究者所采取的是各种替代性的视角。每一种角度都有属于自己的一系列哲学假设、原则以及具体实施路径的立场。马骏、叶娟丽（2004，p.32）肯定了 Vickers 的观点，并指出 Vickers 所暗示的另一层意思：不能认为只有一种研究角度是唯一可接受的，更不能从一种研究角度去否定另一种角度的研究价值。换言之，如果 Dubnick（2000）是用实证主义标准来评价一个实证主义的个案研究的话，那么这种评价就是可接受的；然而，如果用同样的标准来评价"非"实证主义研究的话，就有待商榷了。——Adams 和 Balfour 在《揭开行政中的罪恶》一书中所作的是批判性研究，所遵循的是一套与实证主义研究完全不同的哲学假设、原则与进路。我们知道，在不同的研究范式之间，是不能够用相同的标准来加以衡量、评价的。

Adams 和 Balfour（2000）也对 Dubnick（2000）的批评进行了反驳。一方面，他们认为 Dubnick 在某些地方误读了他们的著作；另一方面，他们还指出 Dubnick 实际上是在为某种"没有批判性的公共行政学研究"——没有批判精神的实证主义公共行政学研究范式——作辩护。Denhardt（1981a）对公共组织所作的具有开创意义的批判性研究，标志着公共行政学领域中批判研究范式的确立。围绕 Adams 和 Balfour（1998）《揭开行政中的罪恶》一书所展开的关于"严格可信的学术标准"的争论，则进一步推动了人们对公共行政学研究多元范式的关注与自觉。

目前，实证主义研究的黄金时代似乎已经过去。虽然实证主义研究仍然是公共行政学研究的主流范式，但是越来越多的研究者开始关注诠释、批判乃至后现代的研究角度与方法，甚至赞同于它们对于实证主义的批评。由于研究范式的多元与竞争，在一定程度上导致了学术标准的分歧。因此，在这种统一性缺失的时期，或许公共行政学的研究者应该学会采用一种宽容与开放的态度（马骏、叶娟丽，2004，p.33）。正如 White 和 Adams（1994）曾经主张的那样，公共行政学研究者应当学会和研究方法与研究角度的"多样化相处"。

第 二 章

反思与重建：基于批判理论的公共行政历史考察

对任何一门学科而言，历史的重要性都是不言而喻的。在很大程度上，对学科历史的认知水平，直接影响到该学科的发展状况。历史无疑是最切近地认知、理解、反思某一学科的途径。随着公共行政学领域对批判理论研究的深入，越来越多的研究者开始循着批判分析的进路提出问题：我们所知的"现有的""历史"是"真实的"或"应有的"吗？是否存在其他样态的公共行政历史呢？Guy B. Adams、Richard C. Box 以及Camilla Stivers 等人分别从不同的角度对这些问题作出了各自的回应或拓展。

一 现代性的魔惑：Adams 等人对美国公共行政学历史的批判认识

在 Guy B. Adams（1992）看来，近十余年来关于公共行政领域的知识和理论发展的文章（Box, 1992; Hummel, 1991; McCurdy & Cleary, 1984; Perry & Kraemer, 1986; Ventriss,

1987；White，1986）虽然颇有贡献，但除了 Dwight Waldo（1948）之外，几乎没有人自觉地运用历史分析途径来研究该领域的知识和理论发展问题。然而，历史分析无疑又是十分重要的。有鉴于此，Adams（1992）立足于美国，以"现代性"（modernity）概念为线索，对公共行政学的发展历史进行了批判性的研究。

（一）公共行政中历史意识的贫乏

Adams（1992）将 Dwight Waldo（1948）的《行政国家》（*Administrative State*）视为讨论美国公共行政的广阔文化背景的开创性著作。他罗列了继此之后的一系列重要成果，[①] 并指出：无论从数量还是从影响范围上讲，现有的研究成果都未能显示出对公共行政历史根基的足够关注（Adams，1992）。Adams（1992）以 Lynn & Wildavsky（1990）主编的一本较有影响的关于公共行政的"学科状况"的著作为例，发现其书第一部分"专业的历史及理论"的五章中只有一章明确采用历史途径来展开公共行政学的理论阐释，而且其分析仅从 19 世纪 30 年代开始。更值得注意的是，这部分的两位作者 Dwight Waldo 和 John Rohr，曾就公共行政的历史做过广泛的研究，但他们在本

---

① 这些成果主要包括：20 世纪 40 年代末至 50 年代，Leonard White（1948，1951，1954，1958）关于公共行政机构发展的四卷本历史性论著，以及 Paul Van Riper（1958）的《美国文官历史》；20 世纪 60 年代，Frederick Mosher（1968）的《民主和公共服务》以及 Aronson（1964）和 Hoogenboon（1961）的两项关于文官的历史研究成果；20 世纪 70 年代，David Rosenbloom（1971）的《联邦服务与宪法》及 Lynton Caldwell（1976）和 Barry Karl（1976）刊登在《公共行政评论》两百周年纪念刊上的两篇论文；20 世纪 80 年代早期，Stephen Skowronek（1982）的《打造全新的美国政府》，以及 80 年代后期的重要代表作品，Ralph Chandler（1987）的《美国行政国家百年史》。参见 White & Adams（1994）。

部分中主要关注的却不是历史分析。由此，Adams（1992）得出这样的结论：历史研究在公共行政的学科发展中仍处于弱势地位。

人们普遍认为美国的进步时代（the Progressive Era，1896－1920）是公共行政作为一种研究领域的开端时期，著名的进步主义者 Woodrow Wilson 则被看作现代公共行政学的创始人。然而，在 Adams 看来，进步时代之前的 20 年（1877—1896）对公共行政的发展而言也很重要。因为这一时期的行政机构改革者，为后来在进步时代提出的许多重要改革措施创造了重要条件。他敏锐地发现，当代文献在阐释公共行政的发展过程时，大多是例行地提及 Wilson（1887），然后直接跳到当代，根本不进行任何历史分析（Henry，1990）。Adams（1992）指出，进步时代（包括在此时期之前）为公共行政的当代思潮所留下的文化遗产被大大地低估了。他认为，公共行政的知识和理论发展的基本轨迹始于 1877—1920 年。正像 Weinstein（1968）所声称的那样，"如今美国的主导政治意识形态，和自由国家的主要计划草案（被冠以新自由主义、罗斯福新政、新边疆和大社会之名的改革计划）早就已经被设计出来了，而且到第一次世界大战末期已部分地被试验过"（p. ix）。Adams（1992）同样认为，现代福利自由国家的主要结构和意识形态理论都形成于进步时代，而不是大多数学者所认为的较晚的时期。他指出，正是在进步时代（包括此前一段时期）里，公共行政领域的基本范围和发展轨迹逐渐清晰。从那时起，公共行政在实践和思想上的演变就没有明显地偏离过这一发展框架。——这意味着，公共行政的理论与实践、历史与过去保持着极高的相关性，并且对历史源头的追溯总能获得富有启发性的见解。但是，这一研究视角却时常被当代的公共行政领域中的学者们所忽略,这也往往使得他们的研究背景显得过于单薄,并且在研究过程中缺乏足够的历史意识(historical consciousness)。

Adams(1992)指出,忽视和贬低历史背景的倾向并非公共行政所独有。当前,历史意识的贫乏在几乎所有专业及学科中随处可见。并且,这一状况已经深深嵌入现代社会的整体文化之中(Smith,1990)。Adams(1992)认为,公共行政领域的知识和理论发展的主要范围是在进步时代建立的。但是,尽管在公共行政中已有一定数量的历史性学术研究,该领域内历史分析的作用却始终略显薄弱:我们总是难以将自己置于现今的历史环境中,难以获得清晰的历史意识与历史定位。那么,究竟是什么导致了公共行政中历史意识的贫乏呢?

(二)现代性、技术理性与"行政中的罪恶"

Adams(1992)将公共行政领域中历史意识贫乏的原因归结于"现代性":正是由于现代性的魔惑(enthralled with modernity),导致我们不能将自身正确地置于现今的历史环境中,使得我们处于"非时间性"的公共行政场域内,并主要致力于通过"非时间性"的因果关系来发展知识和确定性(Faulconer & Williams,1985),即通过发展不需要历史和文化的、独立于时空的一般法则和理论模型来解释人类的行为。同时,在"现代性"的标准下,还有一种观点也值得注意。这种观点认为:公共行政学有历史,但它那近百年的发展历程,如今已经过时而且被远远地超越了。

Adams(1992)以"现代性"来概括美国公共行政得以实践、研究和传授的历史背景。在他看来,现代性是长达几个世纪的现代化过程的巅峰状态，它所描绘的是一个社会的、政治的和经济的世界图景。现代性的知识源泉可以追溯至 16 世纪和 17 世纪。不过，体现着美国自身文化特点的现代性却直到 20 世纪才得以彰显。Turner（1990，p. 6）将现代性的特征十分恰当地刻画为："世俗化、工具理性的普遍性、生活世界中各个领域的分化、经济、政治和军事实践的官僚化，以及价值的日益货币化。"

Adams（1992）认为，美国的现代性文化是以技术理性为主要内容的（Barrett，1979）。基于"公共行政的基本改革原理和实践源于进步时代"这一认识，Adams（1992）强调了技术理性（technical rationality）之于现代性的重要性。他指出，在进步时代之前不久及其期间（1896—1920），有两股不同的思潮得以全面交汇：一股是从西方文化的认识论历史中衍生出来的科学分析的思路，它属于 17 世纪启蒙运动思想的遗产；另一股是 19 世纪大变革（Great Transformation）的产物，包括成为这一时期特色的技术进步。在现代性背景下，科学分析的思路和科技进步相互汇合的产物就是技术理性。①

Adams（1992）指出，在进步时代融为一体的科学分析思路和科技进步成就，释放出技术理性和专业主义的巨大能量，在自然科学世界取得无与伦比的成就。受此鼓舞，进步主义者

---

① 在很大程度上，技术理性十分类似于 Karl Mannheim（1940）所描述的"功能理性"（functional rationality）：Mannheim 将功能理性看作将任务逻辑地组织为较小的单元，其根本目的是实现效率。Mannheim 还将它与"实质理性"（substantive rationality）进行对比，实质理性是指理解整个系统的目标本质的能力，对这个整体系统而言，特定任务只是它的一部分。另外，技术理性也非常类似于 Max Horkheimer（1947）所讨论的"工具理性"的概念。工具理性主要指的是狭隘地运用人类理性，使之仅服务于工具性目标。

们很自然地想要将其应用于社会和政治世界，希望在这些领域也实现"科学"般的精确和客观（Bendix, 1956; Graebner, 1987）。因此，技术理性也变成了社会和政治世界迈向"科学化"的工具，并不可阻挡地导致专业化的专家知识，它要求对知识进行严谨细致的划分。然而，这种划分也将不可避免地导致一种无背景、无时限的实践（比如，在专业和学科中缺乏历史意识）。技术理性所促成的专家主义往往使得人们相信：只要发展出足够专业、准确的理论模型，就可以解决一切现实问题。于是，人们在发展"面对问题"的学科或专业时，历史、文化甚至具体的社会情境就显得不重要了。Adams（1992）认为，在"现代性"的背景下，美国公共行政学一直是坚持技术理性的，也正是这种对于技术理性的执迷使得公共行政学缺乏一种历史意识。因此，公共行政学作为一个领域一直以来都是通过一种"非时间因果关系"（atemporal causality）来发展知识，并相应地运用科学分析与技术合理性来解决公共行政问题，专注于科学的方式或程序。例如，美国公共行政学发展的进步时代、追寻"行政原则"的 20 世纪 30 年代、强调公共行政学作为一门政治科学的 20 世纪 50 年代、强调公共行政学作为新公共行政学的 20 世纪 70 年代都是这种沿着技术理性道路推展的"现代性的"公共行政发展的几个主要阶段（马骏、叶娟丽, 2004, pp.24-25）。

1998 年，Guy B. Adams 和 Danny Balfour 出版了引起了学术界巨大争议的著作《揭开行政中的罪恶》。在这本书中，他们认为，在现代社会，尤其在过去的 100 年，强调科学分析和崇信技术进步的"技术理性"占据了统治性的地位。完全依赖和运用这种技术理性去解决社会和政治问题就产生了一种可怕的，并且一般都带着某种合理与科学的面纱的罪恶，他们称之为"行政中的罪恶"（Adams & Balfour, p.4）。因此，公共行政人员或政府官僚经常在没有罪恶目的的情况下从事了罪恶的行政活动。

Adams 和 Balfour（1998）着重分析了两个非常重要的历史案例，即纳粹大屠杀和挑战者号的爆炸。在他们看来，前者是一个非常重要的使我们意识到行政中的罪恶存在的历史事件，后者则表明这种行政中的罪恶并不仅仅是存在于纳粹德国的体制中。他们认为，在这两个人类历史上的悲剧性事件中，对于技术理性的迷信和偏执于运用科学的方法去解决社会问题，都使得政府机构的官僚们看不到他们的行动和决策所包含的"罪恶"的一面。纳粹德国的公务员在执行大屠杀的指令时，甚至并没有意识到他们是在从事某种罪恶。或者说，他们是在技术理性的支持下"无意识"地卷入罪恶的模式中的。如果仅仅从技术理性和专业主义的角度来看，这些公务员是合格的。问题恰恰出在技术理性本身：事实上，如果没有纳粹德国高度专业化的公务员体系，很难想象对犹太人的"大清洗"（Adams & Balfour, 1998, p.54）。

Adams 和 Balfour（1998）也对现代公共行政中的这一方面问题进行了批判分析。他们指出，现代公共政策是一种以"问题解决"（problem solving）为导向的过程。在这个过程中，现代政策体制强调政策问题可以通过科学地或者理性地建立程序来解决。他们认为，这种公共政策体系充分表明了技术理性的专制，这种专制使得官僚机构及其领导者对于他们的历史，以及引起各种社会问题的社会过程与制度没有记忆（1998, p.139）。从根本上说，这种以问题解决为主的公共政策体系与那种寻求"唯一的""最好的"方法的逻辑是一致的,即相信存在一种最优的解决问题的理性途径。由于缺乏历史意识与历史记忆,坚持技术理性与专业主义的政策制定者们一般倾向于认为,过去的失败并不是因为运用了理性的方法,而是因为理性程度还不够(1998,p. 141)。

Adams 和 Balfour(1998)认为,历史意识的缺乏,使得人们无法直接从活生生的历史事件中吸取经验与教训,相应地,公共行政人员也容易在卷入行政中的罪恶时而不自知。因为,在人类事务中运用理性—技术的政策程序、过度使用"技术语言"(technical language),会导致一定程度的"非人化"(dehumanization),并常常涉及对于某些群体的政治权利的限制。他们指出,行政中的罪恶潜伏在政府追求用理性—技术的职业专长来解决社会问题的、缺乏实质性和积极性的政治共同体的地方(1998,p. 160)。

在 Adams 和 Balfour(1998)看来,行政活动中潜伏的罪恶对于公共行政的伦理基础构成了根本性的挑战。这是因为,现有的公共服务伦理和职业伦理都是以技术理性和科学分析为特征的,所以,它们都无法有效地对付这种行政中的罪恶(pp. 4,161)。而且,现有的日渐增多的行政伦理方面的文献实际上也没有意识到这种隐蔽的罪恶的存在及其对行政伦理所构成的挑战和威胁。Adams 和 Balfour(1998)批评将行政伦理限制在专业主义与技术理性范围内的做法,认为这种做法极可能会使得公务员自身脱离历史发展与人性关怀的适宜角度(perspective)和距离(distance)来作出反思,导致他们很难意识到我们的时代所存在着的行政中的罪恶,并且容易无意识地卷入其中(1998,pp. 14 – 15)。于是,其结果将是,行政可以变成一个没有道德的过程,一个公务员"可以是'好的'或者负责的行政者或者专业人员,但同时,又从事着行政中的罪恶的行为"(1998, p. 166)。

(三) 公共行政:呼唤自由开放的探讨与批判的历史分析

Adams (1992) 指出,公共行政领域需要真正自由开放的探讨。这种自由开放的探讨拒绝就什么是知识(以及什么不是知识)进行霸权式的断言,它不仅仅包括所谓实证主义传统,也包括诠释和批判的传统。在 Adams (1992) 看来,现代公共行政学非常需要批判的、以历史为基础的研究来有意义地探讨现代性的政治与认识论维度,因为现代性已经并且正在对公共行政领域产生着越来越重要而深远的影响。在现代性的影响下,对更高的专业化程度和更科学严谨的定性方法的执着追求,贯穿于公共行政研究数十年的历史中。

Adams (1992) 认为,现代性加重了美国国内对公共行政合法作用的质疑。从建国时期开始,注重政治与社会意义的民主政体和注重专业分工的专家行政之间的张力就已然存在,并随着技术理性的繁盛而不断加剧。二者间的张力一直是人们对美国公共行政合法性进行质疑的最关键因素。但是,没有时间概念的公共行政很难对这样的质疑作出有效的回应。因为从本质上看,这是一个历史问题。

由此,Adams (1992) 呼吁更多地关注公共行政领域的历史,他认为这样才能在该领域形成真正自由开放的探究。在 Adams (1992) 看来,批判的、以历史为基础的分析与研究将唤起人们对公共行政的专业背景知识的重视,使更多的人得以有意义地参与到社会的更为宽广的道德和政治关怀中(Guerreiro-

Ramos，1981）。Adams（1992）认为，更加重视历史也会更好地促进对其他问题的思考。比如，对建国时期的公共行政制度和实践、对 Alexander Hamilton① 的思想，以及对 1946 年行政程序法案等具有丰富历史意义的事务加以关注，将直接关系到当前社会条件的发展状况以及人们对未来的憧憬，而这又需要用历史分析来丰富其他的研究途径。

自由而开放的探讨与批判的历史分析或许不能够为公共行政或社会的美好未来提供简单的保证或感性的承诺，但在 Adams（1992）看来，如果继续忽视它们及其相关的问题却一定会令我们陷入 Max Weber（1958）所说的那种"机械性的僵化"以及"痉挛性的自负"状态之中。最终，我们自身也会沦为"没有灵魂的专家""没有情感的肉欲主义者"（p.182）。

二 "重写"现在：Box 的批判历史

Richard C. Box 和 Cheryl Simrell King（2000）指出，进步时期学者们所严格遵循的实证主义与社会科学方法，已经受到了质疑与挑战。他们认为，对公共行政学而言，阅读和写作批判的历史、用历史来"重写"现在是十分重要的。他们声称，他们在下列两个方面运用"批判"（critical）这一概念（Box & King，2000）。

其一，批判地分析那些依赖历史"数据"所得出的假设和

---

① Alexander Hamilton（1755 – 1804），美国建国初期的著名政治思想家和国务活动家，1787 年宪法的主要起草人之一，联邦党人（后来的共和党）的创始人之一，第一任财政部部长，著名的保守派领袖，主张建立强有力的中央政府。代表 Hamilton 观点的主要著作是《联邦党人文集》。共 85 篇论文，其中 50 篇是 Hamilton 撰写的，一般情况下都将这部著作视为他的代表作。

方法，从而确认哪些因素可能被忽略了。即谁的故事陷入了隐默、从何时起理论家仅仅依靠过去"伟大的故事"或"伟人"的故事。当我们从更高的层次看待这些伟大故事的时候，我们发现了什么？当历史学家或其他社会科学家采用历史方法作为分析工具，揭示出"日常生活"和平常人的历史，并以此代替"在很大程度上排斥'日常生活'的历史编纂"的传统的时候，我们又发现了什么？（Ludtke，1995，p.1）

其二，揭露用以支持统治政权、霸权和权力结构的历史元叙事。一旦这一意图获得认可，那么传统历史解释的批判性与批判理论之间的距离便不远了，尤其当批判理论被视作一种历史的/理论的结构时。

（一）作为"体制拒绝者"的历史分析

Box 和 King（2000）强调，在公共行政领域内，成为一名"体制捍卫者"比成为一名"体制拒绝者"更容易（Farmer，2000）。他们指出，根据传统的定义，历史充当的角色是"体系捍卫者"，但他们想看到的和想做到的是，成为"体制拒绝者"的历史分析。为此，必须在理解社会文化背景的基础上，对历史加以解构。

Box 和 King（2000）指出，像其他基础社会科学理论一样，历史分析也倾向于成为普遍化的宏大理论。然而，近来的语言学、解释学和修辞学上的理性"转向"使理论家们意识到语言、解释和意义之于人类理解的重要性以及由此而来的对于理解人类的重要性。从方法论的立场上看，我们其实无法客观地将"资料"或"历史文本"与它们的语言学、解释学和修辞学情境分离开来。这就意味着，社会科学中的方法论与知识并不是普遍的和永恒的。同时，由于它们不可避免地是在社会与文化的基础上构建而成，所以它们所具有的历史特殊性总是多于历史普遍性。

Box 和 King（2000）认为，历史或许比其他学科更容易受到理性批判的影响。因为它表明了依据过去著述现在的明确意图。所以，如果不将过去的历史融入它的语言、解释和修辞的背景中，那么，"依据过去著述现在"就是在很大程度上对过去/现在的重大扭曲。比如，人们时常会这样问：谁的"故事"被说成了"他的—故事"（"历史"——"his-story"）（Box & King，2000）？为了使历史成为一门价值独立的科学，多年来历史学科一直表现出对工作、生活的本质进行"分性别"、"分阶级"和"分种族"的否认与拒绝。尽管历史学家们的个人生活很可能受到性别、种族和阶级的影响，但是在表面上，他们的方法论似乎允许他们"越来越接近人性可能达到的无关性别、无关种族而且无关阶级的历史真相"（Smith，1998，p.1）。按照这一信条，只有"劣质的""不真实的"历史才会对过去抱有性别、种族和阶级的反对公认史实的观点。

一旦对历史的扭曲被揭露，就无从保证新知识会被视为合法的和可用的知识而被接受。这有一部分源于我们感觉中的另一重大扭曲，即我们总认为"现在"是依赖过去的"历史"的。尽管历史认定自己专注于材料的"真实"，但行为却大多不是由史料或"真实"条件所塑造，而更多的是由对我们所处情境的想象而定——通过我们的感知而不是通过所谓"真实"。Box 和 King（2000）举例说，只有当一个女人感到她自己是贫穷的时候，她才是真正的贫穷，不管她是否符合根据"实际收入"而定的某些有关"贫穷"的分类指标。

Box 和 King（2000）指出，我们对历史的感知受到特定的价值体系的支配。他们采用 Duby（1985）的观点，认为这些价值系统具有以下特征：

1. 全球性。它们具有全球化的功能——它们声称要提供一种对社会的全面陈述，包括它的过去、现在和将来。于是，这些陈述构成了我们对社会和个体的看法。

2. 变形性。它们具有变形的作用。为了某些特殊利益，它们通过强调一些事物，去遮掩其他事物。光明与阴影并存。

3. 竞争性。多种体系同时存在，并且相互竞争。

4. 稳固性。价值系统稳固了两类体系：一类是保卫统治阶级特权的体系，另一类是既颠覆又反映统治阶级体系的反向的（阴影）体系。两种体系相互依存，一方不能离开另一方而存在。结果是，价值系统趋于保守、趋于维持现状。

5. 空想性。这些价值系统是空想的——在拥有历史的文化中，所有意识形态体系都建立在那些历史的基础上——"一个设计好的未来是建立在对过去的回忆、客观化或者幻想的基础之上的。置身其中的社会将是接近完美的"（Duby，1985，p. 154）。

在 Box 和 King（2000）看来，价值系统的全球性、变形性、竞争性、稳固性和空想性的结果，以及历史体系本身都专注于叙述"伟大的故事"或"伟人"的故事，它们歪曲了事实，或者没有说出属于日常生活和凡人的故事。传统的历史价值体系之所以这样做，部分原因在于为了确保统治秩序的稳定。而那些对动摇历史体系抱有兴趣的人，则专注于批判以上五种价值体系的功能，从而揭示历史和历史系统是如何维持现行体制的

"有效"运作和免遭批评的。①

Box 和 King（2000）指出，一些后现代主义理论家已经为有志于将历史分析发展成"体制拒绝者"的学者铺平了道路。例如，Michael Foucault 通过动摇或拆解"伟大故事"的历史研究方法，重新定义了历史观念。他想表明，由"伟大故事"或"伟人"所定义的历史知识是怎样努力去控制生活的流变和抑制变革的。Foucault 撰写他关于现在的历史，不是撰写作为过去的镜像的现在的历史，而是使我们面对"传统的历史叙事经常隐藏的碎片与不稳定性。当我们看见自己所持有的不稳定、变动不居的立场时，我们就能开始从另一角度思考，设想我们的过去未必能导致为我们的生活和文化指明某种意义和方向的未来"（Roth，1995，p.5）。Richard Rorty 同样力图颠覆历史，但与 Foucault 相比，他这样做是出于不同的看法。Foucault 在研究中把历史看作事实上不连续的。但 Rorty 则把历史看作要么能够支持对不连续性与不完整性的强调，要么能够支持对连贯性与整体性的强调的叙述。所以，如何处理历史资料才是关键（Roth，1995，p.5）。

（二）重新发现历史

当历史学科致力于如何在方法论层面上界定自己，以尽力

---

① 现代历史学者普遍相信，历史是向我们反映着它们自己的"真实"的一面镜子。回首过去，这面镜子向我们精确地反映了发生在过去的事件。我们如何看待自己，取决于那面镜子里的投射给我们的映象——我们是谁，我们怎样生活，我们看重什么，我们怎样管理——所有这些，都是靠投射给我们的东西组合而成。如果那些映象与我们自身的感受相一致的话，我们便不敢怀疑那些映象的真实性（或质疑它们的"客观性"），尤其当我们身属优势群体时，更是如此。而当那面镜子所反映的东西以威胁着主导意识形态的方式存在时，人们便会拒绝照镜子。

减少歪曲及确保其自身不被"政治化"的时候，许多其他社会科学和人文学科却颇具讽刺意味地把历史编纂学当作一种"新的"方法论工具。Roth（1995，p.2）对此发表了如下见解：

> 直到1980年代早期，历史意识还被许多人看作是以一种无效的、意识形态的、天真的理解世界的模式。在历史学科当中……一场信任危机震惊了许多最热心从事理论研究的学者，对于我们的文化交流，关于过去的有组织的研究能作何贡献已变得十分模糊。到1990年代早期，很多研究都已经发生了改变。多个领域的学者重新求助于历史学科，从中吸取对他们自身学科十分必要的教训（或对他们的学科进行的攻击）……然而，尽管人们在历史维度上对历史研究或文化研究的兴趣日增，有关历史意识的基本价值或历史知识的问题却仍然是开放而且至关重要的。

虽然美国的公共行政学研究从来都不曾脱离《联邦党人文集》、宪法、Wilson评论、Friedrich/Finer论辩之类的基础文献，并且近年来也因历史编纂学的复兴而开始信奉历史分析，但是在Box和King（2000）看来，真正的问题是学者们对历史方法的批判程度有多大，以及他们是否从批判理论的基本立场去研究历史。换言之，他们是否能够"重新发现历史"。

Box和King（2000）将Camilla Stivers（1993）视为指出历史方法的有限性的首批公共行政学者之一。Stivers认为，主流的历史方法通过隐藏其他方法来显露我们历史的某些方面，她借用John Gaus（1930，Stivers转引，2000）的一段话声称，公共行政学呼唤浮现于历史的"现在正被埋藏着的各个方面"

(p.2) 之中的"有用的过去"。Stivers 在她关于公共行政领域和社会工作领域的历史分析中，寻找着那些被埋没的方面。

Box 和 King（2000）认为，公共行政学需要更多地对"有用的过去"加以复原或重新发现，因为它自觉地反映出了人们对历史权威的承认，人们要依靠"有用的过去"形成、整合和挑战那些关于权力的公认观念、知识和元叙事。在 Box 和 King（2000）看来，批判理论正是复原"有用的过去"的途径之一。

Box 和 King（2000）的目的并不在于让批判理论"恢复原貌"，而是要争取复原批判思想中对当代公共行政学有用的核心要素，并且对批判思想在理解该领域的历史和拓宽社会视野方面的价值给予特别关注。① Box 和 King（2000）试图借此跨越诸如批判理论与实用主义、现代主义与后现代主义之类的理论范畴的边界，并明确宣称，他们更热衷于有用的结果，而不是理论的内在一致性。由此，他们归纳出批判理论中的几个主要议题，作为"重新发现历史"的线索。

1. 解放

Box 和 King（2000）指出，对于早期批判理论家而言，在晚期资本主义社会中，随着官僚化、技术工具理性、大规模生产、广告传媒以及闲暇与工作分离的日益普遍，人们不再能够思考任何其他的生存方式。人们受到哄骗而愿意充当生产单位，并对生活消费品感到满足，以至社会变革像 Marcuse 所说的那样被"包容"了。在这一背景下，"控制即管理"，从而"受管理

---

① 人们通常认为，批判理论是复杂而沉重的：它揭示着社会的真实本质，使得人们受到启迪、摆脱错误意识，然后采取行动将自身从压迫中解放出来（Geuss, 1981, pp. 1-2）。Box 和 King（2000）指出，这一"法兰克福"式的看法已经在 Habermas 的"第二代"沟通方式中得到修正。当然，Habermas 的工作同样包含了对从现代、合理化社会的一些情境中解放出来的探索。

的生活就成了所有生活方式中上等的生活"（Marcuse，1964，p. 255）。——对此，批判理论提出了针对现代技术社会及其作为压迫和控制媒介的大规模生产的唯物主义分析方法。Agger（1992，p. 184）认为，Marcuse 想要"在由权力平等的生产者组成的合作的社区环境中"寻求工作领域和个人生活的完全解放和再统一。

Box 和 King（2000）认为，由于 Jürgen Habermas 的工作，人们逐渐把注意力转移到对语言和话语设置的分析上，以减轻不平等的权力关系。Alger（1992，p. 182）注意到批判理论的这种变化，即从广泛批判资本主义制度到聚焦于沟通领域的转向。Agger 对此的看法是："Habermas 想恢复人们被资本主义意识形态否定了的推理能力"（p. 183）。这种能力的恢复不会推翻现存的政治经济体系，而是对其加以改善，以使经济和行政体制不会像现在这样压制这个主要由文化、社会和个性构成的"生活世界"。

Box 和 King（2000）指出，在"后现代"时期，批判理论必须摆脱它的革命意图。革命的与正递增的多种批判理论都受到后现代主义的挑战。批判理论和后现代思想在对客观性、科学性和社会的批评方面达成许多共识，但是后现代主义者质疑批判理论对普遍真理和对解放所彰显的信念（Rosenau，1992，p. 14）。为了保护批判理论免受这些挑战，Agger（1992，P238）表示愿意放弃对教条思想的恪守，他甚至声称："'批判理论'不是一个学派，而是我们在不同情境中所选择的抗争不人道的途径。"为此，批判理论需要超越对"被破坏的生活"的批判，并在此基础上加以拓展，因此它或可参与到"关于理论、实践以及新的社会运动的当代问题"（p. 196）。Teresa Ebert 则反驳了"社会变成一个超越差异作无限斗争的永恒现在""因而资本主义是永恒和必然的"之类的后现代观念（Ebert，1996，p. 231）。Box 和 King（2000）赞同 Ebert 的信念："解放——作为将人们从资本主义生产关系的剥削中解救出来的历史意义上的特殊计划——既不是虚幻的，也不是不可能的"（p. 231）。

2. 社会期望

那么，何种解放或社会变迁可能（或者应当）在当代情境中被预见或寻求呢？

Box 和 King（2000）认为，法兰克福学派的理论家们受环境所迫，实际上放弃了工人革命的希望，而且他们广泛的、全社会解放的观念似乎与当今社会不符。例如，在发达国家中很少有人认为，在社会秩序中存在大量在短期内发生革命性变革的潜力。因此，批判理论的任务在很大程度上变成对当前存在的变革潜力的理解。在 Box 和 King（2000）看来，Marcuse 关于"单向度的"工具理性社会的特征描述可能具有某种合理性（Marcuse 假定，存在着人们可能认为更优越的、可供选择的其他社会形式）。然而，即使有人接受 Marcuse 关于当前社会的特征描述，并认可寻求其他社会方式的期望，但是假定一切社区、地方、国家或民族中的所有人都对他们自身的情形或对社会变革有相同的认识，也是不妥的。例如，发达国家中的多数人完全被统一在占主导地位的资本主义消费文化当中，并且许多发展中国家的人也在为此奋斗。这表明，我们实在难以使人们相信：他们所期望的为其提供物质满足和一定自由的"唯一"体制在某种程度上是虚假的、沉重的和有缺陷的。当然，这不是要否认，人们对当代社会抱有多种形式的、严重的不满。Box 和 King（2000）倾向于认为：对现代晚期/后现代社会的破坏性影响的认知和对变革的渴望，既不是不存在也不是每人都均等地共有。这些认知与渴望可能不足以引发大规模的根本变革，但是却足以用来完成制定"适用于具体社会变革的建议——在法律、公司规章、行政程序、教育实践等方面"的任务（Rorty，1998，p. 326）。

由此，Box 和 King（2000）指出，如果我们不能总是期待广泛的、遍及全社会的启蒙和解放，那么，就像 John Dewey 所叙述的那样，"改善"可能是一个合理的目标（Dewey，Campbell，1995，p. 261）。对于被那些深深陷入缺乏批判理论的社会之中的公共管理者来说，这尤为重要。虽然这些管理者不是经常要求根本变革，但他们却常常能在政策和操作程序中作出不断的变革计划，这对公众起着非常关键的作用。

上述社会变迁方法的理论基础可以在 Richard Rorty 的著作中找到。和 John Dewey 一样，Rorty 赞成一种持续变化的实用主义哲学（Campbell，1995，pp. 225 – 265）。同时，他提倡用社会变革去提升民主和减少人类的灾难。在集中研究可能的将来而不是过去的社会元叙事的实用主义样式中，Rorty 抛弃了批判理论对资本主义和剥削阶级的关注，因为这些关注有赖于"某种暗示，即我们能够做得比市场经济好，我们知道存在关于复杂的技术导向社会的可行选择。但至少现在，我们还没有看到这种选择"（Rorty，1998，p. 234）。因此，Rorty 将注意力集中于社会期望，设计着某种更美好的关于未来的"幻想"，并以此来取代激进的变革观念（1998，p. 232）。

3. 批判的公共行政学

至此，问题演变成：公共行政学领域中的学者在其学术工作中，可以或应该为有意义的变革做些什么？

Box 和 King（2000）指出，我们工作在以技术、工具为主导的领域内，同时处于这样一个时代：强大的权势鼓励政治/行政二分，以至于许多思想都销声匿迹了。这些权势力求瓦解公共行政学的两个思想领域，即社会的/政治的领域和组织的/管理的领域，并将其归结为一个领域，即组织的/管理的领域（Ventriss，2000）。由于传统公共服务的价值与"新公共行政"让步于"新公共管理"和"技师知识"（White & McSwain，1990）的完全实现，导致了那些忽视意义与目的的机械的、记叙性的思想占据了统治地位。在这种知识背景下，关注社会期望和更大范围社会研究的公共行政学者，在试图描绘与创建一个更好的未来时往往举步维艰。

Rorty 紧随 Dewey，建议高等教育应当通过讨论国家寻求独立、释放奴隶、解放妇女、遏制强权贵族等方面的历史，帮助学生们意识到自身是"增进自由与提升希望的传统"的一部分（1999，p. 121）。大学除了要履行职业训练的职责外，还应鼓励老师通过制造"那些拥有实践其理想的忠诚公民的国家所遭受的生动、具体的失败——美国知道它应该变成什么样的国家而未能如愿的失败"，从而促动学生进行"自我创造"（Rorty，1999，p. 123）。这并不是所有人都想要或能够做到的。作出这种直接影响大学专业教育导向的决定可能是颇具争议的，而且这也不是"能够轻易向提供资助的政府部门或理事机构作出解释的事情"（Rorty，1999，p. 123）。

Box 和 King（2000）指出，批判的公共行政学应当向学生讲授诠释性的、有时是批判的历史，从而让他们对更为复杂、分裂和困难的世界（相对于他们一直坚信的世界而言）有更多的了解。不过，对于那些过分乐观、把社会制度的历史和本质以及他们对人类和自然环境的影响看得过分轻松简单的人而言，这一构想则显得过于沉重了。

Box 和 King（2000）提醒道，随着时间的推移，人们变得对资本主义工具理性社会中事物的存在方式习以为常，以至于他们不再知道或不再注意还有其他的方式。而历史的撰述是要符合由市场的经济命令规范而成的当代社会价值体系的。正如 Marcuse 所说，所有的事物都瓦解为单向度的，从中是没有出路可言的。过去是一段可能存在的、唯一的通往现在的一元化进程，而且在将来也必定是一样的。我们感激历史提供给我们的一切，并拒绝那些使我们丧失很多而获得很少的建议（Marcuse, Box, 2004, p.64）。

（三）重写现在

如果我们撰写批判性历史，历史方法会变成怎样？根据 Berkhofer（1995）的研究，历史学家所选择并推动的语言学、解释学及修辞学的转向，"改变了一些词汇、引进了一些新主题和处理方法"，使之融入历史学科。然而，"与人文科学中多方面的转变及矛盾问题所造成的关于传统历史著述与实践的基本假设所经受的挑战相比，这些改变就显得不那么紧要了"（p.25）。

Box 和 King（2000）注意到，在公共行政学中曾有一些"重构过去"的超出伟大故事（great story）范围的少数例子，它们对历史叙事、意识形态体系或主导叙事中特权知识的本质进行了质疑。对于教/写没有标准可言的历史教师/学者而言，这里存在着一种类似于理解批判历史的工作：在没有标准可言的历史中，"现在"所表现的是一个不稳定的静止方面，而不是一个自然进行的结果;"将来"也同样是不确定的。这一过程显示,提供引起、产生新认识的观点是可能的,它甚至可能使公共管理实践者或其他学者能够重新思考他们关于未来的"空想"。

在 *Bureau Men, Settlement Women: Constructing Public Administration in the Progressive Era*（Stivers, 2000）一书中,Camilla Stivers 讲述了环境是如何影响美国公共行政学知识和实践的故事。她的故事涉及了公共行政学的构建,并"在某种程度上怀疑本领域内理所当然的方法,并将其放回作为一个研究框架的历史情境中去:其中的科学、交往与性别同等重要"(p.2)。Stivers 通过解构当代公共行政学的进步时代结构,提出对公共行政学历史的批判,并力图表明,我们所选择的重要的和有意义的观念与实践是怎样"使那个社会中的特定方面开始得到迅速的发展,同时使其他方面被忽略"的(p.3)。

摆脱历史解释主导范式的其他例子,还包括 Stivers 与 Cheryl Simerll King 及其他合作者共同完成的另一本书 *Government is US: Public Administration in an Anti-Government Era*（1998）,书中收录了探究关于美国政府管理历史的替代性解释的论文,批判地分析了由建国年代的争论和后续事件形成的政治与经济权力关系,并把它们与当代的挑战和未来的展望联系起来。在另一范例《公共行政的合法性:一种话语分析》（McSwite, 2016）一书中,O. C. McSwite 回顾了在建国年代联邦主义者对于反联邦主义者的胜利,[①] 并探讨了这一胜利的影响。McSwite 重新构建了反联邦主义者关于合作社会的梦想,提出与 Rorty 修正的杜

---

① 一般认为,联邦主义者代表着确定的财富与权力,反联邦主义者则代表了普通的市民。

威哲学方法（Deweyan approach）很相似的"协作的实用主义"。它是一个联合的问题解决框架，在这一框架中，对话不受那些认为自身方法即唯一方法的人们的基本预设和权力统治的影响，并且在实践中持续地导向更好的未来。在《公民治理：引领21世纪的美国社区》（Box，2013）中，Richard Box 描绘了按照精英团体统治方式进行的地方公共事务的历史。尽管自美国殖民地年代起，地方公共事务管理的形式与实践就发生了变化，但其影响与控制仍然得以留存并将继续规范和限制着公民与公共管理者的行为。

在相关领域中，也可以找到揭示当代主流文化的历史假设的类似论述。Robert Zinn 的《美国民族史》（1999）一书，是根据那些在政治与经济上受排斥和被剥削，以及那些在多数历史中消失了的人的观点而撰写的。这部著作目前正由（美国）公共广播公司拍成电视连续短剧，这也标志着批判的历史分析在通俗文化中的重要地位已经得到初步承认。历史学家 Gordon Wood 在《1776—1787年美国共和政体的创造》（1969）一书中，煞费苦心地用文献证明了平民大众与那些在建国年代拥有财富和权力的人之间的关系，并把这个时代的政治描述成是这些群体间的斗争。历史教学经常将社会冲突的思想限定在大规模的诸如世界大战之类的国际事件中，但在《公民战争：19世纪美国城市的民主与公共生活》（1997）一书中，历史学家 Mary Ryan 却着重于呈现或描绘19世纪美国城市生活的喧嚣特征。她考察了纽约、新奥尔良和旧金山关于种族、国籍、宗教、性别和财富问题的冲突，发现这样的冲突中常常包含了骚动和暴民暴力。Ryan 写道："民主政治和关于政治组织联盟的决策，要在通过公民指定、主张和赋予自身意义及相互间赋予意义这一不懈的实践过程中才能得以产生。"（1997，p.7）然而，这并不是一个必然的进步程序或工具理性的胜利。Ryan 在对三个城市的发现所作的概述里有这样的注释：

> 在最简单的层面上，这部历史警示大家不要把过去看作是和谐的、高雅的、统一的、将提供民主政治单一模式的公共领域。相反地，它请求大家注意和欣赏那些说话尖锐的、喧哗的、粗鲁的、苛刻的和好争吵的公民。民主不是一个统一的政治，而是一个反抗的政治（p.311）。

在组织层面上，有两个例子可用来阐明对社会条件与工作环境之间关系的批判性历史分析。一个例子是 William Scott 和 David Hart 合著的 *Organizational America*（1979）一书，他们在书中描述了 19 世纪到 20 世纪、从"个人命令"到"组织命令"的变迁。这一变化的结果是，人们受到现代组织的控制。现代组织利用"通用的行为技术以先进的方法把个人与团体整合为相互依存的关系，从而有效地达成体制目标"（p.4）。Roy Jacques 则探究了在雇佣关系中，社会与个人冲突的这一从个人到组织的变迁过程。在《制造雇员：从 19 世纪到 21 世纪的管理知识》（1996）一书中，他试图"创造一个更全面的论坛，通过表明今天的问题受制于昨天的问题这一观点，来讨论明天的问题"（p.ix）。

上述例子中讨论的作者并非全部自认为运用了批判理论，但他们一致认为，应当超越对主导文化的标准陈述，以一种勇于探索的、批判的意向去解释历史。对他们而言，一段问答式的过去把我们引向现在，这只是一个过程，而不是一个确定且静态的结果。所有作者都相信,这种对批判的历史解释是构建美好未来所必需的。

Box 和 King(2000)宣称:如果不进行批判的历史解释,我们不可能"重写现在"。在公共行政学和其他领域,包括历史领域,都有一些关于批判的历史解释的例子。因此,无论是行政人员还是专业学者,都应当认真地进行批判的历史解释,勇于提出 Marcuse(1964)所赞赏的"伟大的拒绝"(great refuse)。——至少在某些时刻和某些地点,拒绝让一个人的工作继续扮演体制捍卫者的角色。Box 和 King(2000)指出,如果没有基于批判历史的实践和学术研究,我们将不可能"重写现在"。我们所能做的,可能的只是心怀敬畏地守在一旁校订已经为我们写好了的教科书。

三 "社区女人"[①] 与 "可用的过去":
Stivers 的女性主义公共行政历史观

作为一位杰出的公共行政学者,Camilla Stivers(1993,1995)在她的论著中充分展现了她的女性主义立场与独特的学术视角。不同于现有的大多数观点,Stivers 指出,有关行政国家的思考,不仅要从热衷于提高行政效率的"机关男人"的努力,而且还要从"社区女人"的角度来加以理解:正是她们倡

---

① "社区女人"(settlement woman)与"机关男人"(bureau man)是 Stivers 基于对进步改革运动的反思,而专门创设的带有强烈女性主义色彩的概念。机关男人所指的是专注于政府办事程序、行政效率和竞争优势的男性改革者形象,他们的活动领域主要集中于政府部门;社区女人所指的则是强调政府服务与创新、公众福利和协同合作的女性改革者形象,她们的活动领域更为宽广,尤其在"社区中心"之类的建设过程中作出了巨大的贡献。

导和实现了政府在纾解社会疾患方面的责任扩展。相应地，Stivers 主张，应将公共行政视为一项既关注程序又关注实质的理性事业。在对美国公共行政领域的历史考察中，Stivers 分析了美国公共行政学中的性别形象，指出"社区女人"与"机关男人"在公共事务中所表现出的差异以及"社区女人"对公共行政所作出的贡献，并运用女性主义的分析方法，力图为公共行政学构建一种"可用的过去"，从而加深我们对那些隐藏于持续不断的程序改革诉求之中的真实含义的理解。

（一）美国公共行政学中的性别形象

John Gaus 在他关于美国公共行政学历史的早期著作（1930）中指出，公共行政学领域需要一个"可用的过去"，对此的研究将揭示公共行政学历史中"被隐藏的"方面（p. 138）。六十多年以后，Guy B. Adams（1992）也指出在当代公共行政学中缺乏一种历史意识，并将公共行政学称为"沉迷于现代性"的领域。他主张，人们应当特别注意进步时代，那是一个尽管有着大量可用的历史学术成就，却被公共行政学界普遍忽视的时代（Adams，1992，p. 365）。

与 Gaus 和 Adams 相呼应，Stivers 选取女性主义视角，借助"机关男人"和"社区女人"的概念，指出今天我们对于公共行政学历史的理解更多的是以"机关男人"的程序主义的角度追溯其源头，而较少溯及"社区女性"的直率切实的方法。

Stivers（1993）认为，公共行政的学术领域可以溯源至进步时代改革运动的思想与实践。值得注意的是，现今的公共行政领域把实质部分（政府应该做的事）与办事程序（政府应如何去做其要做的事）分裂开来了。她指出，进步主义时代的性别模式至少要为这种分裂承担部分责任：公共行政领域更多的是在程序性（主要为"机关男人"所倚重）而不是在实质性（主要由"社区女性"推行）的基础上得以形成（Stivers，1995）。Stivers（1993）发现，传统的"用于维护行政权力的关于专长、领导才能和个人品德的典型形象内含有性别的两难选择"（p.4）。她指出，这种典型形象"不仅具有男性的特征，而且有利于那些在文化上呈现男性特质的人保持现有地位或享有更多的政治和经济上的便利，同时牺牲那些在文化上呈现女性特质的人的利益"（p.4）。基于女性主义视角，Stivers（1993）提出要解构在定义专长、领导才能和个人品行时所具有的性别歧视，她运用历史分析的方法进行了这种解构。

Stivers（1993）首先考察了妇女进入公共机构的历史进程及其发展状况。她回顾了妇女们所在的公共机构的类型与性质，并着重分析了她们在公共领域中的地位和职务以及这种职务在行政国家中所处的地位。Stivers（1993）指出，自从 1861 年妇女首次进入公共机构以来，妇女的工作经历"与男人有质的不同"（p.32）。尤其值得注意的是，美国革命时期更是详尽地展示了美国社会如何牺牲妇女的利益，将妇女排除在公共机构之外。Stivers（1993）对客观性的专长、职业自治、专长的等级制度和兄弟般的规范这四种盛行的专门技能的定义提出疑问，她认为关于专家的典型描述是值得怀疑的，因为"它们鼓励我们以一种带有偏见的方法去认识公共行政的实践，并支持对女性的歧视"（p.37）。另外，关于专才的典型形象"从根本上与我们广泛接受的妇女形象不相符合，它鼓励社会把妇女置于较次要的地位"（p.7）。她还指出，妇女并非唯一的在公共行政中面临此类困扰的人，那些具有各种不符合这些男性化定义的男性职员同样也受到了不公平的对待。Stivers（1993）指出，传统的关于领导的典型形象也都是男人的领地。她将公共部门领导者的形象概括为四种典型形象：空想家、决策者、象征和现实的规定者。她认为这四种传统形象都是男性化的（pp. 61 – 66）。所有关于领导者的理念都与社会对妇女行为的期望相冲突，因此导致了在做一个女人或者像一个女人与看起来像一个男人之间的关系非常紧张。许多关于公共行政管理中的领导者的定义内带着明显的性别色彩。换言之，"关于领导的观念对女性具有很深的性别歧视"（p. 64）。通过解构关于领导者品行的观念，Stivers（1993）列举了正直的公共管理者应有的四种形象，即政权价值的保护者、名望和荣誉的追求者、英雄和公民。她指出，所有的品格"从根本上都具有性别含义，并且与社会生活在公共和私人领域中的性别划分密切相连，这一切都对女性产生不利"（p. 8）。

已有学者的研究表明，在进步时代的改革运动中，女性和男性一样，也发挥了重要作用。例如，中产阶级白人妇女成立俱乐部致力于"市政家务管理"、由黑人妇女组织运作的社区协会、安居住房的发展、妇女对环境立法的倡议以及建立社会福利制度，等等。——诸多的研究见证了这些努力及其成就（如 Frankel & Dye，1991；McCarthy，1990；Muncy，1991；Skocpol，1992）。在同一时期内，支持改革论的男人们也同样地组织改革俱乐部和社区中心，他们还积极投身于修订公共机构的程序，声称是为了使它们变得更有效率和有条不紊，而在这样的活动中妇女是几乎完全缺席的。大多数研究者对公共行政历史的关注，通常都会追溯到这些程序改革的努力（尤其是那些市政研究机构的活动），但是很少追溯到那些由社区民众和改革俱乐部成员（其中大多数人是妇女）公开倡议所推动的政府行为的逐步扩展（Stivers，1993）。

19世纪中后期，美国社会性别角色的差异比以往更为明显。工业化进程刺激了基于性别的意识形态上的劳动分工：当越来越多的男人成为离家的工薪劳力时，妇女则被认为应负责家务活，即使她们因经济所迫而工作挣钱，也依然如此（Cott，1977；Kessler-Harris，1982）。伴随着在"家庭"与"工作"之间衍生的"公共母性"（republican motherhood）这一概念的出现，女性们建立了一种新的家庭生活时尚。由于妇女行为体现了社会美德，并且通过培育其丈夫与儿子的有道德的公民意识来服务于政体，所以她们只有在这样的家庭生活中接受对她们正式选举权的剥夺（Kerber，1980）。逐渐地，妇女被看作道德的、自我牺牲的、有责任感的和操持家务的，而男人则被认为是经验丰富的、具侵略性的和利己的（Welter，1976；Cott，1977）。

在Stivers（1995）看来，上述性别模式再现于美国人对男性和女性所适合的政治角色的理解中。党派政治是一项完全男性化的、竞争的，但却不乏友爱的事业，随着公众选举权的扩大，来自各阶层的男人们逐渐都能参与其中。但妇女们的公共角色则被局限在自发的慈善活动和声援禁酒和废奴等目标的行动主义之中（Ginzberg，1990；Lubove，1965）。对许多人来说，他们觉得投票会让女人变得"像男人"，而且会使男子气概和女人味之间的差别成为问题（Baker，1990），因此他们倾向于对妇女的选举权加以抵制。实际上，妇女们自发的仁慈使她们具备为公共利益服务的能力，而这同时也缓和了她们作为"公民"的正式地位与其公民身份的最实质权利的被剥夺之间的紧张关系。

　　Stivers（1995）认为，在进步时代，这些性别角色大大影响了女人们和男人们的政府改革活动。虽然这种差别的程度常受到更进一步的学术上的修饰，但看来男性和女性的改革工作确实有极大的不同。除了分发食物篮和提建议给需要的人，并反对酒馆数目的增加以外，妇女们还把她们作为道德培育者和保护者的社会角色扩展到一个连贯的政策议程中。这一议程专注于职能和服务的创新与制度化，其目的在于普遍提高人们的生活质量尤其是改善穷人的生活，包括从饮水质量、垃圾回收到母婴健康等在内的一切事情。这一议程的深入引导妇女改革者们忙于一系列非同寻常的活动，它们最终包括游说、在立法机关前作证、担任工厂和卫生系统稽查员甚至领导联邦机构等。而在 Stivers（1995）看来，尤其有意义的是，女性所有这些活动都是在没有选举权的情况下进行的。

　　Stivers（1995）认为，妇女们能够胜任社会期望她们在公共事务中所要承担的角色，她们的行动也证实了这一点，并且在很大程度上摆脱了官僚机制的束缚，使公共事务得以简单化。与妇女们不同，男性改革者们还面临着困难的角色权衡问题。与精英阶层和中产阶级的妇女相似，他们也希望在公共领域中扩大其影响力。因此，走出官僚机制的约束、形成无党派的公共氛围对他们来说无疑是一种值得考虑的选择。但是，由于选举政治和政党分肥制已确立为男性模式，所以男人们对无党派政府管理的倡导便具有缺乏男子气概的风险。他们会被职业的政治家称为"多愁善感的、一本正经的绅士"，是"政治两性人"、"第三性"、"娘娘腔的不男不女"（effeminate without being either masculine or feminine）、"男茜丝小姐"和"男性女帽商"

（Hofstadter，1963；Baker，1990）。正如 Hofstadter 所强调的："活跃于政治之中是一项男人的事业，而投身于改革运动则意味着要不断地与好寻衅的、锐意改革的、好说教的女人打交道……"（1963，p. 189）——对男性改革者们来说，这显然不是一个乐观的状态。

被当作缺乏男子气概的危险也许是作为行政合理化理由的"科学"和"效率"诉求之中的一个隐含因素：基于西方思想的深远传统，即将科学的严格与客观等同于男子气概（Noble，1992；Keller，1985；Merchant，1980），高效率的科学家就是那种不受个人情绪影响的男性形象，而女性则生来就是受到个人情绪困扰的（Haber，1964）。无论如何，很明显，在世纪之交，公共机构仍被看作一块完全男性的领域（Aron，1987）。对男性而言，试图使公共机构作出更科学和更客观的努力与为穷人提供社会服务的倡议相比，可能更少承担被视为女人气的风险。另外，为穷人提供社会服务的倡议还带有直接侵犯政党组织寡头们的非正规慈善事业的风险（Stivers，1995）。

于是，规定的性别角色导致了男性与女性各自对改革的构想颇有不同。作为社会福利与社会慈善的维护者，妇女们受到实质性社会改良议程的吸引。起初为喝茶、社交和阅读 Dickens 或 Tennyson 小说而成立的已婚女性俱乐部，后来将其注意力转移到街道清洁、未成年人法庭、游乐场和免疫宣传活动中（Beard，1914；Deardorff，1914）。单身女人们（其中的大多数是大学毕业生）还建立了社区中心对贫民区所需的社会服务进行协调和沟通。女性改革者们把这种被她们称为"市政家务管理"和"公共母职"的工作，视为她们的社会指定工作的自然扩展（Skocpol，1992）。当她们意识到（正如她们很快就做到的那样），即使是广泛的志愿努力也太微弱且太零碎，以致无法对穷人的难题产生显著的效果，因此她们决心就社会福利政策以及提升政府贯彻这些政策的能力进行游说。尽管有些男性也成立或参与到社区中心和改革团体中并成为社会政策的倡导者，但是作为一个群体，他们似乎更愿意致力于使政府机构以一种高效的、有条不紊的方式来运行。这些努力包括公民服务改革、提供预算和成本报告之类的行政改良倡议以及市政研究机构的成立。不管妇女们是否对这些努力感兴趣，抑或实际上受到男人们的劝阻或妨碍，反正她们都很少有机会参与其中。

在进步主义时代，男性与女性改革者各自的活动范围缠结在一起，或相互影响，或背道而驰。当男性与女性改革者都把他们的活动刻画为促进社会的努力时，妇女们更可能实施她们认为会对贫民或者城市居民的生活产生普遍直接影响的服务；男人们则更倾向于提出主张，强调行政能力的建设。——前者尤重实质，后者则尤重程序。Stivers（1995）发现，当男性和女性各自处理改革计划的方式时，存在着如下差别：（1）在男人们和女人们都游说扩展政府工作的情况下，妇女们在这一努力中发挥了关键的作用，而且总的来说，比男人们更成功；（2）使政府的行政变得科学而有效率的程序化改革，却几乎完全是一项男性的事业。总体而言，虽然作为中产阶级积极分子的男性和女性改革者都渴望获得政府权力并减少政治机器的影响，但是他们却诉诸不同的途径：男性提倡更好的行政方法，而女性则为了改善社会尤其是为了改善穷人的生活，提倡社会服务的创新与制度化。

Gill（1944）指出，在他研究的案例中，政府机构管理班子的385个成员中，只有不到10个是女性，而且在Gill研究的时代之前，也没有更多的女性在政府机关中任职。Dahlberg（1966）甚至还列出了早期任职于纽约政府培训学校的几个妇女的名单。Karl 认为，纽约政府变得越来越倾向于把"财政改革"定义为"真正的改革"（1963，p. 146），甚至把政府的改良直接等同于治理方法的改良。——显然，女性改革者与之有着重要的不同。她们的首要目标是专注于更好的服务，提高政府的经济和效率则变得相对次要。相应地，她们的关注范围与行动领域也更为宽广，她们常常涉及"社区"的层面，在"社区中心"之类的非正式组织中各展所长并作出卓越贡献。

（二）社区女人对公共行政所作的贡献

美国最早的社区中心是 Stanton Coit 于 1886 年在纽约下东区（New York's Lower East Side）创建的社区公会（Neighborhood Guild）。但最著名的社区中心无疑是赫尔之家（Hull House），于 1889 年由 Jane Addams 和 Ellen Gates Starr 建立。Stivers（1995）从史料中发现，到 1900 年，美国已经有 100 个社区中心；到 1910 年，其数目剧增到 400 个。

社区中心的组建者们把贫困的原因更多地归结于社会和经济条件，而不是归结为当时的私人慈善理论所声称的个人性格弱点。他（她）们住进贫民社区，因为他（她）们认为这是真切了解贫民的困难和需要，将其解释给精英人士，并为反贫穷措施赢得经济和政治支持的唯一方法。他（她）们相信，"近邻观念"（neighborhood idea），作为特定社区里的积极精神，将是成功的政策改革的关键。它起初会在地方层面上发挥作用，但最终将扩展到全国层面。受到乐观主义的鼓舞，社区中心的组建者们相信他（她）们的努力能减少阶级冲突，并力图做到这一点。他（她）们不仅为有需要的人提供服务，而且还用系统化的研究向富人证明城市动荡的社会原因就在于阶级冲突。Stivers（1995）认为，最初的"调查观念"（survey idea）很可能就是肇端于社区中心并被关键性人物如 Henry Bruere 等人引介到市政研究机构中的。Henry Bruere 在担任纽约局局长之前，他自己也曾是社区中心的成员（Addams，1910）。总的说来，社区中心成员们的目标是用社会公正取代慈善，强调社会利益在私人利益之上，并且为了满足城市贫民的需要而主张扩展政府活动（Tratter，1979）。也正是在此之后，有关女性改革者议程的观念开始逐渐变得清晰而明确了。

虽然男性与女性都参与了社区中心的组建运动，但研究者们一致认为绝大部分成员和大多数领导者都是女性（Stivers，1995）。到1910年止，三分之二的领导人和所有成员的四分之三是女性，而且男性的居留期倾向于比女性更为短暂，这种差异或许源于受教育女性职业选择权的缺乏。具有代表性的情况是，如果一个男性在社区中心驻留时间为三年，那么未婚女性居留期的中间数则是十年，而且许多人还作为社区中心的居民度过了她们的一生（Skocpol，1992）。

Stivers（1995）指出，组建者们一直致力于社区中心的改革并强调了社会服务的创新和制度化。除了举办多方面的教育、文化和服务活动外，他（她）们还负责承建如下项目：第一个公共运动场、第一个少年法庭（其中社区中心的组建者们担任监督缓刑犯的官员，通过自己筹集的私人捐赠来获得薪酬）、第一个州政府职业介绍所、第一个城市健康和卫生系统检查局、第一个特殊教育课堂和第一个公共健康护理服务机构，等等。他（她）们与妇女劳工组织领导者合作，通过了限制妇女和儿童工作时间的法令，并使工作场所的安全得到改善。通过加入一个全国范围内的妇女俱乐部的网络，他（她）们的游说导致了 1912 年第一个联邦社会福利机构、儿童事务所的出现，它由前赫尔之家的居民——Julia Lathrop，第一位领导联邦政府实体（a federal government entity）的妇女——来主持。这个同样由社区中心领导者和俱乐部妇女组成、由儿童事务所的领袖们率先发起的网络，促成了第一项联邦社会服务立法（the Sheppard-Towner Act of 1921）的通过，此项法令为母亲与儿童健康教育和服务建立起专门的州行政机关（Skocpol，1992；Sklar，1993；Muncy，1991）。

Stivers（1995）认为，迄今为止的研究文献确凿地表明了男性与女性改革者在价值和方法上存在着显著的差别：作为一个团体，女性改革者比男性更可能为了提供必需的服务和规章而提倡建立更大的政府，而且她们更有希望获得成功。一般说来，男性的进步主义改革者，则可能会毫不犹豫地强调致力于使管理程序变得更科学和更有效的举措。

Skocpol（1992）对为母亲抚恤金（由妇女领导）和为失业保险及老年退休金（由男性领导）而分别展开的进步主义游说运动进行了明晰的比较，并发现：第一个游说运动取得了令人惊叹的成功，第二和第三个则失败了。这一比较为以下论点提供了支持：如果考虑到所处时代的政治、经济和社会情况，妇女改革者通过政府扩展的方式能够比男性团体取得更多成果。根据 Skocpol（1992）的说法，妇女们强调她们作为美德守护者的、被指定社会角色的母性主义（maternalist）措辞，似乎导致了党派偏见的增多。而且，组建者、俱乐部妇女和女性工会会员有着共同的母性主义价值观念（maternalist values），即通过

"协商的、志趣相投（likeminded）的会谈"来支持她们的政治联合（p.368）。与此相反的是，精英分子以及像美国劳工立法协会（AALL)①之类的由男性领导的组织则永远不可能克服其自身与劳工联盟之间的阶级分化。

Stivers（1995）以废物处理这一热门事务为例，讨论了"男性与女性进步主义者对同一议题会采取怎样的不同方式"，其重点在于，一个现有的垃圾回收工厂是否应该由城市政府来管理。Stivers（1995）注意到，男性团体通常与组织外的专家们商议，并将其调查研究集中在财政细节上。如果没有任何事实和数字显示市政所有权将会促成更高的效率，他们便会得出结论说，这项工作应被保留在私营部门的手中。相比之下，妇女团体则承担不起雇请顾问的费用。Mary McDowellw对美国和欧洲范围内的卫生系统进行了研究。她的报告表明，把废物处理仅仅看作一种商业活动是错误的。妇女团体拒绝完全回收并支持焚毁垃圾，因为回收需要城市居民用手工把他们的垃圾分类，而这是有害于健康的。她宣称："对效率的真正衡量……不是财政的回报……而是所提供的服务的品质"（Flanagan，1990，p.1039）。男人们通常认为，只有使私人利益最大化和使政府参与最小化，城市公共物品的供给才会得到保障。而妇女们则赞同由市政府对垃圾处理保持所有权并主持运营，因为这将会比私人部门更好地为城市的健康和福利而服务。今天看来，这种带有明显女性色彩的观察视角、政策主张与实际行动，对于公共行政乃至整个社会的持续、均衡发展而言，都是十分可贵的。

---

① 美国劳工立法协会（American Association for Labor Legisiation），简称AALL，成立于1905年，1945年关闭。

(三) 为公共行政学构建一种"可用的过去"

在 Stivers（1995）看来，主流的、带有鲜明男性特征的公共行政理论及其历史倾向于将它自己定义为一项理性事业，它的最重要部分是理解并解决行政程序中的问题，即公共行政学的主要任务就是帮助行政国家进行改革，使得行政行为变得更有效率、更有影响力，而不是检查其工作的性质和范围。然而，由此而构建的公共行政学历史因为只关注男性角色而忽略了女性，所以必然有偏颇、片面之嫌。

Stivers（1995）指出，认识到进步时期政府改革中的各种性别差异，将使我们更好地了解男女改革者们的目标及方式中更为细微的区别。她认为，公共行政学界所建构的历史是相当片面的：目前公共行政的系谱学（genealogy）过分强调了进步时代"机关男人"的程序改革，他们总是试图使政府机关以一种有效的方式来运行；与此形成对照的是，人们往往忽略了"社区女人"在公共服务的创新与制度化中所发挥的非常重要的作用。在 Stivers（1995）看来，如果继续依赖这种关于公共行政学科起源的狭隘理解，那么我们将要付出高昂的代价。

一种代价是，我们几乎无法有效地反驳以下观念：专业行政人员应限制自己，机械地为其政治雇主服务。为了证明公共行政人员自由裁量的价值，我们必须明白实质性裁量的运用是隐藏在听起来最程序化的决定之下的——从行政国家的诞生之日开始，事实就已经是这样了。那些今天面对着艰难决定的行政人员或许还会从对处于不同领域的前辈们的了解中获益——不仅是政府机关的会计师和工程师们，还包括社会政策的倡导者如 Julia Lathrop、Florence Kelley、Jane Addams 和 Lillian Wald

等。这些妇女以及其他成千上万的女性明白并支持合理行政的重要性，但她们从不把这些看作其自身合法性政治身份的结束。与"机关男人"们相比，她们的准备更为充分。"机关男人"们似乎一早就确认了其目标的政策含义。

第二种更为深远的代价是，由于忽视了我们历史中的实质方面，我们将继续对一些问题加以掩盖。这些问题是由于用现代行政国家所制定并执行的政策来满足各种利益所引致的。纯粹的程序主义完全是一种幻想。行政人员处事的方式满足了某些利益的需要，并在个别的情况下暗中削弱了其他的利益。"机关男人"不是纯粹的利他主义者，而且他们对有效管理的关心并没有那么纯粹。在这一意义上，行政改革是一场关乎谁将控制政府组织和谁将从中获益的竞赛。但这也并不是说，"社区女人"就一定完全无私：即使像 Julia Lathrop 这样一个热心的改革者，在她成为政府机关的领导后，为使受教育女性任职以补充她所在部门的职业等级的空缺，她也会对公民任职条例加以操纵（Muncy，1991）。如果把我们学科领域的源头单一地归溯于对程序的关注，我们将无法看清支撑它的并被行政工作所证实的经济和政治思想，并且还会使我们的学术成就及教育计划的范围变得狭窄。

由此，Stivers（1995）指出，只要公共行政的历史将其自身限制在"机关男人"关于正确方法、合理程序的华丽措辞中，并且我们只是从表面价值上接受那种浮夸的措辞，那么我们就很难通过历史分析对公共行政的发展进行理解和反思。

就像 Skocpol（1992）所提到的，进步主义妇女对公共行政改革的支持总是和对政策的关注联系在一起，即就政府的正确目标来进行讨论。她们认为官员们必须具有母性与同情心，只有这样，政策才能在减轻人类痛苦方面获得成功。她们对程序改革的倡导总是与具体政策紧密相连，而这些承载了她们的希望与信任的具体政策将会提高城市居民的日常生活水平。正如1912年联邦妇女俱乐部（General Federation of women's clubs）公告所宣称的："各个州与各个城市的官员只为了一个目的而存在，即要确保人们的舒适、健康和幸福"（Skocpol，1992，p. 360）。

Stivers（1993）试图在考察进步时代公共行政的过程中对专才、领导才能和品行的典型形象加以解构，并试图将三者弥合起来。她认为，进步时代也是公众自我意识得以形成的时代，妇女的工作和思想则在进步时代处于中心的地位。并且在某种程度上，当代政府所倡导的公共服务和保障工作也是植根于女性仁慈工作的基础上的。然而，所有这一切都变得模糊不清了，因为男性改革者感到"有必要将公共行政男性化，使之'强有力'和'商业化'"（Stivers，1993，p. 8）。

Stivers（1995）一直关注一个对公共行政学而言"有用的过去"，希望借此为改革妇女们的声音留出空间，提醒我们注意那些存在于我们最切实的行政关怀中的关于公共意志的至关重要的问题。毋庸置疑，Stivers（1993，1995）的著作是将批判方法应用于公共行政领域的一个良好的范例。她认为，"韦伯关于理性的观念可以看做是对男性权力的一个补充注解，因为它排除了个性、性别和女性"（Stivers，1993，p. 21）。她明确指出了进行批判性解构的意义，建议确立一种女性主义的公共行政理论，并由此重新审视公共行政的历史进程。Stivers（1995）认为，这将为公共行政理论和实践的重塑提供有力的支持。

第 三 章

质疑与探索：主流公共行政的批判性替代选择

Adams（1992）、Adams & Balfour（1998）、White & Adams（2004）、Box（1992，2001，2004）、Box & King（2000）、Stivers（1993，1995）等在对公共行政领域的历史进行反思与重建的过程中，展示了各自不同的独特批判视角，大大拓展和丰富了公共行政学的研究空间与研究方法。同时，他们也吹响了质疑与挑战主流公共行政理论的号角。实际上，他们与更早的Denhardt（1981a，1981b）等一样，都力图将批判理论和批判研究的使命设定为要探索主流公共行政的"替代选择"。那么，主流公共行政的替代选择主要体现在哪些方面？以及为什么这些替代选择是可行的呢？本章试图结合相关文献对此作出回应。

一 技术理性与技术规则的替代选择：关注"交往模式"与"自我反省"

几乎各个阶段、所有类型的批判理论都对技术理性及相关的概念作出了不遗余力的剖析与批判。① 在批判理论家们看来，技术理性以及由技术理性而衍生的技术规则，是社会统治的根源与实现自由解放的首要障碍。因此，必须对之加以超越，并寻求相关的替代选择。

（一）超越技术理性

作为批判理论的先驱，法兰克福学派的成员们试图揭示现代生活的社会统治根源，从而为彻底实现自由开辟道路。在这样的过程中，他们认为，首先要跨越的第一道障碍就是挑战理性自身，或者更确切地说，是对社会理性基础的重新界定。

Max Horkheimer（1972）指出，批判理论的任务就是要"消解个体之间的目的性、自主性和理性……在与人自身的冲突之中把握人的概念，直到存在于工作过程中的人际关系冲突或对立被去除为止"（p. 210）。他甚至宣称，"理性作为感知现实本质和支配我们生活的主导理论逐渐有些过时了"（1974，p. 18）。Herbert Marcuse 在批判 Weber 的一篇文章里也指出，现代人对理性的理解是有局限性的。他认为，作为用来达致既定目标的方法，Weber 的理性概念不仅可以探讨所谓理性机构所提供的各种社会利益，而且还可以精心构建技术控制的模式，

---

① 例如，在批判理论被正式引入公共行政学领域之前，Karl Mannheim（1940）、Max Horkheimer（1947）、Herbert Marcuse（1968）以及 Jürgen Habermas（1971，1983，1987）等成果就已经受到学术界的关注。在很大程度上，技术理性十分类似于 Karl Mannheim（1940）所描述的"功能理性"（functional rationality）：Mannheim 将功能理性看作将任务逻辑地组织为较小的单元，其根本目的是实现效率。Mannheim 还将它与"实质理性"（substantive rationality）进行对比，实质理性是指理解整个系统的目标本质的能力，对这个整体系统而言，特定任务只是它的一部分。另一方面，技术理性也非常类似于 Max Horkheimer（1947）所讨论的"工具理性"的概念。工具理性主要指的是狭隘地运用人类理性，使之仅服务于工具性目标。

形成"合乎方法的、科学的、适当的，计算的控制技巧"。① 就这一意义而言，某些行为是否正当，或许只有通过其对技术理性活动所作出的贡献来加以判定了。于是，一种统治性的意识形态得以形成：在这种意识形态中，人们按照技术的标准来看待整个世界（Denhardt，1981a）。相应地，我们将仅仅满足于为现有的社会问题找到作为解决方案的技术规则，而这种工作的价值无疑是有限的，而且从根本上说，它对于人类的自由与解放并无助益。

Jürgen Habermas（1983）通过考察进一步拓展了社会合理化与合法性的替代方案以及知识根源，推进了 Marcuse 对 Weber 的相关理论研究。Habermas 和 Marcuse 都认为，Weber 所依赖的对理性的技术化定义在根本上包含了对增进统治权的意识形态上的辩护，但他们更关注的是 Weber 对由此而致的必然结果的描述（Denhardt，1981a）。他们认为，通过有意的选择和有效的行动，一些值得尝试的替代选择能够得以重建：Marcuse 的构想是，Weber 所描述的改变统治条件的可能性，将在新的科技模式中得以实现，它提供着不同的人与自然之间的关系模式（1968）；Habermas 则认为，由现代世界所界定的科技世界必然与目的理性行为相联系，在实现我们关于人类解放的这一希望之前，我们必须超越这样的框架（1970）。相比较而言，Habermas 的构想无疑更为彻底、有力。

正如 Denhardt（1981a）所指出的，在公共组织研究中几乎还没有运用批判分析方法的明确意图的时候，在批判理论文献

---

① 参见 Herbert Marcuse, "Industrialization and Capitalism in the Work of Max Weber", in *Negations: Essays in Critical Theory*, trans. Jeremy J. Shapiro, Boston: Beacon Press, 1968, pp. 223 – 224.

中就出现了有关这方面问题的尝试。例如，Habermas 便曾像 Weber 一样，通过对公共官僚制度的考察描述了技术理性的运作。其他一些批判理论家也纷纷通过批判分析指出，与日俱增的社会权力和判断力正逐步聚集到公共官僚体制中。[①] 他们所达成的一种共识是：由于受到基本的技术兴趣的支配，这种社会权力与判断力的集中达到一定程度时，就预示了将要对公共官僚体制的角色作出重新界定。这样，也许只有从批判视角才能解析清楚这一系列重要问题（Denhardt, 1981a）。

一些有志于研究组织环境与组织行为的批判理论家敏锐地发现，虽然在各种公共组织内，管理结构和管理风格中存在着显著的差异，但关于管理工作的某些特定假设似乎是普遍存在的。这些假设的涉及面很广，从对传统管理信条的依赖（比如"政治和行政二分"或者"权责相称"观念），直到现代信息系统和管理"偶然性"理论与"权变"理论等更为复杂的运用（Shafritz & Whitbeck, 1978）。然而，在所有情况下，管理基本上都被看作一个技术领域。并且，管理者所运用的技术大致都基于一个主要意图——以这样一种方式来控制人和物，从而保证得到可预计的结果。这种意图不可避免地将管理人员和服务对象客观化，并且服从于追求效率的兴趣，但是它只关注外部的"客观"世界，所以表现出的是抹杀个性的、僵化的管理进程。——或者说，是为了达到控制的目的，而仅仅把人当作可供操作的数据或者可被管理的职员来对待。这种情况导致的

---

① 可参见 Francis E. Rourke, *Bureaucracy, Politics, and Public Policy*, Boston: Little, Brown and Company, 1969; Randall B. Ripley and Grace A. Franklin, *Congress, the Bureaucracy, and Public Policy*, Homewood: The Dorsey Press, 1976; David Nachmias and David H. Rosenbloom, *Bureaucratic Government: U.S.A.*, New York: St. Martin's Press, 1980.

第一个结果就是将人相互分开，人与人将彼此当作非人化的物体看待；第二个结果是扰乱了管理者和其他相关人员对自身的清醒认识。这就是日益增长的"客观性"和日趋下降的自反性的结合。①

毫无疑问，当前主流的公共行政理论所蕴含的正是技术理性的兴趣。正如 Dwight Waldo（1978）曾经指出的，技术理性的假设为包含了"科学、理性、效率、效益、（和）生产力"旨趣的现代复杂组织的研究打下了根基（p. 591）。从 Herbert Simond（1958）的理性行政模式，到 Vincent Ostrom（1974）的公共选择理论和 Robert Golembiewski（1977）的组织发展理论，"科学"和技术效率的共同利益是普遍存在的。② 总之，在公共行政领域中，处处反映出实证分析科学和追求控制的技术理性取向：解释使我们能够预测，预测使我们能够控制。

Denhardt（1981a）指出，公共行政学中的技术理性取向在当代的政策分析著作中表现得尤其突出：要么，人们不假思索地就依赖传统的官僚体制的定义对问题进行研究；或者，通过运用实证方法解决那些显而易见的问题，并以此作为研究的重点内容。就这一意义来说，分析家们通常只研究那些由官僚制度自身所展现的问题（并且大致限定在技术框架中），因此他们

---

① 反省的缺乏也解释了在面对组织生活的道德维度时，组织理论所显现的缺陷。在特定情境下，官僚体制理论在某种程度上充当了道德理论的角色。——如 Eichmann, Galley, Andersonvill 等人在论著中所阐释的那样。如果在组织过程中对个人自治与社会责任进行了削弱，那么一些高度可疑的行为也能够作为对体制的"理性"有所贡献而被证明是正当的。参见 Denhardt（1977, pp. 259 – 269）。

② 在（Denhardt, 1981a）看来，这一评价并不意味着要贬低或蔑视与这样的努力时常相伴的对分享和参与的关注。然而，当这样的工作包裹上实证主义科学语言的外衣时，它就会立刻受到那些追求管理控制和获取工具价值的人的影响。

的研究很可能局限在对当前的社会机制进行微小调整的窠臼之中。而且，由于政策分析仅仅依赖于那些"价值中立"的技术，其结果必然支持包括现有控制模式在内的当前政治和行政生活的"事实"。这些技术不可能扩展到存在于过去或现在中的创造性和想象力，而仅能根据对先前事件的推断作出有限的规划，所谓"客观的"分析家们则无形中成了政治的参与者。相应地，也只有那些符合实证科学的标准技术，能够解决问题的政策，才会被人们接受。于是，政策实施过程大概就仅仅关心"方法—结果"的关系，只追求"如何达到目标"的便捷途径。至于那些不符合技术标准的政策，将不被采用。在 Denhardt（1981）看来，这必将导致现代官僚体制更加强势地向全社会推广技术思想、技术规则与技术标准，从而进一步强化技术理性的霸权。

由此，Denhardt（1981a）提出：公共行政研究者应当突破并超越技术理性，不再仅仅把政策过程看作为解决当下问题而临时运用的一种技术规则，而将其视为一个通过沟通和对话而达成的共识性决定；公共决策的基础，不应只是技术的合理性，而应当更加注重政治的和伦理的关怀。

（二）关注"交往模式"与"自我反省"

Denhardt（1981a）指出，与公共行政学主流文献中对技术理性和技术规则的强调形成对比的是，批判理论重视的是权力和依赖的关系。他认为，正是这些权力和依赖的关系勾勒出了当代的组织生活的基本结构，并且揭示了相关事件所预示的、那些在冲突与混乱之中所蕴藏的巨大潜能及深刻特质。批判的方法使人们能够用辩证的语言对组织变革的事件进行重新定义，从而促进人们对组织生活作出更具动态的理解。而且，批判方法还能够揭示层级化组织中固有的某些矛盾。Chris Argyris 和 Donald A. Schon（1978）也强调，与当前官僚制度内部的限制性关系和极度去个性化的外部处置方式迥异，批判方法一方面肯定个人和社会反省之间存在着本质的联系，另一方面又重视个人和社会的发展，这其中也包括所谓"组织学习"。在《组织的阴影中》一书里，Denhardt（1981b）在详细描述了当前权力和依赖的关系是怎样导致分离和疏远的状态之后，明确指出，提升组织生活的质量才是批判理论更直接的意图。

在 Denhardt（1981a）看来，为了超越技术理性与技术规则的局限对公共组织进行批判的分析，应当集中关注那些有缺陷的交往模式，因为交往模式标志着公共组织的内部和外部关系。在技术理性与技术规则下，管理者和下属之间的等级关系，以及官僚制度和其管理对象之间的关系显然是不平等的；批判理论则认为，这种不平等明显制约了进入讨论、交流与交往的可能性，交往各方应当被视为彼此平等的。Denhardt（1981a）认为，分析和记录那些受限于狭隘等级的交往模式，对于建立一个充分民主的公共服务工程而言是十分必要的。

Denhardt（1981a）认为，批判方法中蕴含着另外一种可供选择的"管理"方式，这种方式不仅仅将目标锁定在控制上，而是要帮助个体（组织成员或者服务对象）发现和追求他自己的发展需求，有时甚至要使其认识到那些与官僚体制的主要价值相背离的事实。——如果我们假定官僚体制的主要价值就是社会的价值，这可能就成问题了；然而，既然官僚制度展示的是其制度本身的"生活"及其价值理念，那么我们就有理由怀疑组织价值和社会价值是否存在全面的一致性。相关的，Brian Fay（1977，p.206）的作为质询的"教育"模式假定，"压制性的和阻碍性的社会条件至少是部分地存在着，因为人们并不系统地知晓他们的需求及其社会关系的性质"。这种教育方法试图帮助人们确定他们的真正需求和认识那些妨碍他们实现需求的社会环境。通过自我反省，人们可以清楚地认识到自己所处的被扭曲的社会环境。受 Brian Fay 的启发，Denhardt（1981a）指出，管理的"教育"模式旨在帮助个体发现并追求其自身的需要及兴趣，这将要求为组织成员的交往和对话提供更丰富的空间。

为此，在 Denhardt（1981a）看来，必须将各方（官僚体制与管理对象）的发展需求置于优先地位，并重新确定对各种类型的社会关系的民主承诺，集中关注那些阻碍个人发展的真正需求，关注那些使之不能通过组织化的社会与政治活动得以表达的扭曲事实。公共领域曾一度成为各个集团利益纷争的场所，那些集团内部的民主化（包括公共官僚体制在内），为实现民主进程的承诺提供了一种可能的进路。Habermas 认为可以将这样的发展描述为"一种程度渐减的压抑（这种压抑在个性结构的层面上将提高面对角色冲突模糊时的容忍度），一种程度渐减的僵化（它将增多个人在日常交往中稳定的自我表达的机会），并且它接近于一种行为控制方式，它允许角色距离的存在和对各种标准的灵活运用，当这些标准得到良好内化时，它又将能够接受反思"（1970，p. 119）。此外，民主化的组织将代表比当前公共对话的参与者更众多的公民的利益和价值，在某种程度上它恢复着目的理性和交往互动之间的恰当联系。在这样的条件下，公共官僚体制甚至可能成为社会自我反省和批判的一个主要载体。

（三）个人对组织（制度）的超越

在技术理性的假设中，组织目标无疑是最重要的。相应地，主流的组织研究也就自然专注于达成组织目标的方法或手段（马骏、叶娟丽，2004，p.18）。有鉴于此，Denhardt（1981b）在对公共官僚体制的考察中指出：通过组织，我们在社会中追求增长与效率，然而，我们的成功是以个人发展为代价的。当组织被证明在很多方面有用或者有吸引力时，它们是通过限制个人的自主和责任来达到这一切的目的的……（相应地），组织生活的学术研究过多地关心组织及其管理而不是关注其中的每个人的生活镜像（p.xiii）。

为了揭示组织目标对于个人自主的压制或牺牲，Denhardt（1981b）首先对科学与组织的逻辑进行了比较，他认为："科学与组织可以说根本上是密切相关（或者说不可分离）的，它们都是为了实现人们的某一愿望，如控制的愿望，起初是控制自然，后来就是控制人类自身。"（p.39）同时，"现代组织无法摆脱现代科学，所以它们互为理由，互相提供支持"（p.42）。相对于科学在控制自然及人类社会中取得的成就，组织也被证明是"一种控制的工具，一种统治的策略"（p.37）。所以从根本上说，科学与组织都建立在理性、客观和非人格化的基础上，都是一种工具。二者都强调标准和规范的操作程序，并且它们的成就，"都是通过一种否定个性而推崇技术的特定方法取得的"（Denhardt，1981b，p.40）。由此，"科学与组织向社会及其成员强加上一种自身的价值——理性与控制的价值"，"科学与组织变成了人类的行为模式，使得人类行为更加被结构化，更加被模式化，更加非人格化"（p.41）。于是，组织对实现目标、提高效率的热衷,促使其以非人格化的方式对待组织成员,将他们等同于"机械的一部分"或者"可使用的工具或者可操纵的数据"(p. 43)。这样,组织成员作为个人或群体对"意义"的追求,就因其工具化、数据化的待遇而被忽略或抹杀了(马骏、叶娟丽,2004,p. 19)。

借助后弗洛伊德时期 Jung、Otto Rank 和 Ernest 等人的精神分析理论,丹哈特进一步指出,现有的"组织伦理明显地鼓励其成员依赖集体而不是个人的精神"(Denhardt,1981b,p. 53)。他认为,"在组织占统治地位的年代,个人寻求永恒的愿望可以从社会及其组织的力量上获得帮助"(p. 13),组织是"人类永恒需求的当代表达"(p. 82)。这是因为,个人不能达到完全的理性,而组织提供了"一种理性的模式","只有通过参与组织我们才能达到几乎完全的理性"(p. 84);同时,个人的任何缺陷都有可能被组织的理性所包容,组织在某种程度上可为克服自己"有限的理性"或者"有限的能力"提供机会(Denhardt,1981b,p. 91)。

基于对技术理性与组织行为的深刻认识与批判,Denhardt(1981b)极富洞察力地指出,由于组织寻求通过确定性的理性化来控制非理性行为。在理性化的组织中,我们的行为被固定化或模式化了,我们失去了表达自己、发展自己的机会,因此,我们不再自由。受现象学方法的影响,Denhardt(1981b)认为组织分析应当"提倡向个人完全开放"(p. 108),而不应局限于特定的组织目标或技术规则。他宣称:"我们所处的组织化了的社会所具有的理性化的确定性,决不允许我们超越……因此,在最深层的意义上说,我们不能依赖组织。"(p. 96)通过分析理性组织对人类寻求意义、自由的负面影响,并借助现象学、批判理论和深层精神分析学等方法，Denhardt（1981b）发现，以 H. A. Simon《管理行为》为代表的理性模型至少以如下方式对人类行为产生影响：其一，由于理性模型将客观与主观分离，只专注于客观现象，从认识论和精神分析的意义上来说，这就不利于充分理解组织中人类行为的意义；其二，由于理性模型在实现组织目标的过程中仅仅关注技术效率，从而在使既定的社会统治形式理性化与合理化方面具有重要作用；其三，理性模型援引实证主义关于事实与价值的二分法，也就意味着对个人价值的贬损；其四，理性模型在人们寻求意义、行动和可持续性方面限制了个人的发展（p. 99）。①

总之，出于对组织的理性模型的强烈不满，Denhardt（1981b）建议重建一种替代的组织生活与分析方法，从而有助于我们寻求意义、开展行动和实现可持续性发展。为此，他认为我们必须重新认识社会需求，然后在此基础上来理解组织生活，消除人们普遍形成的对组织生活的误解，并将人们从组织伦理的蒙蔽中解放出来。这就意味着要采取"一种完全不同于主流的实证主义的社会科学所具有的获取知识的方法"（Denhardt, 1981b, p. 100）。在 Denhardt（1981b）那里，这样的方法便是吸纳了现象学、精神分析学等理论成果的批判分析。于是，在 Denhardt（1981b）看来，公共行政学中批判理论的中心问题不再是个人如何为组织的效率作贡献，而是个人如何能够超越那种制度。

---

① 马骏、叶娟丽（2004, pp. 22 – 24）对相关内容作出了详尽的阐述与分析。

二 "代表优先"和"行政效率"的替代选择:"代表地位同等"和"广泛参与"

在 Richard C. Box（2004）看来,"代表优先"和"行政效率"已经成为当前公共行政中的紧密相关的两大准则,并得到了政治与经济精英的有力支持。借助批判分析,Box（2004）对二者的相关假定及观念基础进行了阐释,并认为,作为对代表优先和行政效率的分权化的替代选择,使代表居于同等地位、鼓励公众广泛参与行政过程,将有效推动和促进公民自治。

（一）代表优先和行政效率的相关假定与观念基础

Box（2004）指出,作为当前公共行政领域两大准则,"代表优先"和"行政效率"各自有着强势的假定:首先,"代表优先"中蕴含的假定认为,选举产生的官员应当是主要公共部门的决策者;其次,"行政效率"所表明的假定则是,获取成本收益是公共管理的主要意图。

在 Box（2004）看来,代表优先与行政效率在现代国家,尤其在美国政府中是一种"默认立场":很多人相信公共部门正是应当依此立场而建立、运作,因此其他的替代方案便被看作不合理的,甚至是危险的。不过,Box（2004）却认为,在现有的制度结构内,一直存在着可以提供替代方案的、同时也体现着民主追求的组织分权技术。Box（2004）尝试运用批判路径,试图展示和探寻这些替代方案的可能性。他极具洞见地指出,代表优先与行政效率的观念基础在于"人们普遍认为公众不具备治理能力"（Box,2004）,并就此进行了相关的批判分析。

众所周知,"公众是否适合自我治理"并不是一个新问题。早在美国宪法体系的创建时代,联邦主义者和反联邦主义者之间便已经就此展开了一场激烈辩论:联邦主义者赞同限制公众参与政府治理,而反联邦主义者则倾向于更加直接的自治。正如 Gordon Wood 所说,"制定联邦宪法的目的正是要解决这一问题"(1969, p. 510)。那些受过高等教育、拥有巨额财产的"天生的贵族"希望通过将权力转移到国家层面,恢复他们凌驾于政府之上的权威。于是,在国家层面,掌控大局的不再是普遍参与政府的民众,而是那些"最完美和最高贵的人物"以及"国家中最好的人"(Wood, 1969, p. 512);相反,反联邦主义者则竭力抵制"上层"阶级的权力主张。Mercy Warren(载 Wood, 1969, p. 514)写道,宪法是"对美国的高贵出身的欧洲式权力结构的发挥,以达成他们未能在各自国家中实现的钟爱的统治方式";它"将促成一个贵族化的政府,并建立凌驾于人民之上的暴政"。

学术界经常忽略 Woodrow Wilson 在他发表于 1887 年的经典论文——《行政学研究》中所展示的关于"公众"的观点,但 Box(2004)予以了充分的重视,并以此为起点梳理了公共行政学界对公众治理能力所作出的代表性评价。他指出,一方面,Wilson 承认美国人对于"公共治理将是由全体人民决定的民主政策的结果"的期待,因此"美国的行政就必须在各方面都对公众意见保持敏感"(载 Shafritz & Hyde, 1997, p. 23)。然而在另一方面,Wilson 的论证却使公众不仅远离行政,而且与公共决策拉开了很大的距离。于是,决定公众意见的责任将属于选举出来的代表和他们政治上的受命者,"政治家们对于公众意见的责任将是直接的和必然的"(p. 23)。Box(2004)指出,对于一个复杂而地域广大的、难以通过公民个人的直接参与管理的共和国而言，这或许并不是一种不合理的思想。但是由于公众意见被视为缺乏连贯性与一致性，Wilson 构想中的政治领袖们并没有静候公众意见的形成；也无法对公众意见进行预判与评估，并制定可行性策略。相反，他们自己形迹可疑地"创造"了公众意见（载 Shafritz & Hyde, 1997, p. 19）。Wilson 相信领袖们必须这么做，因为普通民众是不能个别地做出理性的思考和选择的，"大批人群是极其缺乏理性的……在美国，这一大批人群的成分更是极其繁杂多样"（p. 20），他们只是保持着"预想的意见，即毋需评判的偏见"（载 Shafritz & Hyde, 1997, p. 19）。

　　20 世纪早期，Walter Lippmann 撰写了 *Public Opinin*（1922）①和 *The Phantion Public*（1927）②，声称公共事务的世界对于普通公民来说太过复杂、难以理解。从而，大多数人并不直接参与公共决策，而是通过成为定期投票的选举人或候选人来参与公共实务。由于只有相对少数的人直接参与公共决策过程，所以相较于公共事务充分知情并参与其中的、具有全面行政权的传统公民权利模式而言，这种少数人参与的公共决策模式实际上并未描绘出现代社会公众参与模式的需求与发展境况。John Dewey 在《公众及其问题》（1927）中则指出，公众的治理能力需要改进，并且，"在社会规章中，被当作知识的替代选择而获得普遍关注的是无知、偏见、阶级利益和偶然现象"。相应地，

---

　　① ［美］沃尔特·李普曼：《舆论》，常江、肖寒译，北京大学出版社 2018 年版。

　　② ［美］沃尔特·李普曼：《幻影公众》，林牧茵译，北京联合出版公司 2020 年版。

通过对公众意见产生影响，科学和知识被视为"为少数人谋取金钱利益"的工具和媒介（p.174）。注意到现代行政国家的成长状况，Dewey担心"专家政府只不过就是受极少数人利益操纵的寡头政治，在专家政府中，群众没有机会告知专家他们的需求是什么"（1927，p.208）。Dewey之后，Steven Best和Douglas Kellner（1997）在追溯关于媒体和公共意见关系的同时，也指出，当社会与政府治理变得更为复杂时，公众与公共治理过程之间的距离会更加遥远。

基于上述的学术史考察，Box（2004）指出，在美国，政治、经济与文化精英们经常倾向于认为公众不具备足够的自治能力，因为他们觉得人们普遍所知不多，并且无法做出合理的决策。历史似乎也证明了这一点：20世纪的世界大战、经济萧条与城市化的挑战促使各国政府谋求更快、更高质量的发展，同时也推动了行政实践的创新与行政机构的调整。而且在这些行政实践的发展、创新与行政机构的调整中，很多治理决策是倾向于集权的。现实生活中，在公民行为对政府治理模式影响最大的地方层面，政府业务的日益庞大、复杂使得公民们更不愿意，或更不可能对公共事务的过程产生有意义的影响（Box，1998）。那些缺席公共事务过程的公民留下了政策创制的空白，这些空白在很大程度上由那些从地方发展中获益的人（Logan & Molotch，1987）和那些受雇保护地方经济、降低投资风险的专业公共管理者加以填补。由此，Box（2004）进一步指出，还存在着一个超越公共自治能力问题框架的主题，即公众和受控于拥有财富与权力者的统治体制之间的关系问题（Rosenau，1992，pp.157-164）。相应地，Box（2004）还认为，精英们可能会存在这样一种担心：一旦全体公民充分了解经济与政治体制，并获得有效的决策渠道之后，将会力图推动财富与权力的重新分配。

针对这种"精英的认识"与"精英的担心"，Box（2004）敏锐地指出，声称公众不具备治理能力的"精英评价"有着循环论证的性质：因为公民缺乏充分信息和决策渠道，所以他们显得无知、冷漠而且不能作出理性选择；同时，又因为他们显得缺乏能力，所以不必努力为他们提供信息和决策渠道。——历史所证明或显示的，只不过是精英们所着力制造和维护的现象而已。这一现象的强度随权限与政府层次的不同而有所差异。相对于地区、州乃至国家的层面而言，公民们在本地社区中更有可能获取参与公共决策的信息与渠道。实际上，正如 Box（2004）所指出的，在由受到良好教育的公民组成的当代社会中，对经济与政治体制有着充分了解的人们进行理性选择并不太难，但精英们在假定一些理性选择可能会威胁到现状时所作的推测，却可能是正确的。

Box（2004）认为，随着对社会宏大特性的讨论转向地方社区，"社区居民在治理过程中扮演重要角色"的可能性将取决于这样一些情境因素：当前急需解决的公共问题、居民的社会经济特征以及信息和公共决策过程向居民开放的可及性和社区精英权力的开放性，等等。这些因素使得人们将挑战性的或争议性的问题引入公共视野时，将或面临一些阻滞性的因素。但是，无论如何，仍存在着各种公民自治实践吸引着公众的广泛参与，将自治实践的有益经验融合至公共行政决策的过程之中。由此，代表优先和行政效率的替代选择也就成为可能。

（二）代表优先的替代选择："代表地位同等"

在 Box（2004）看来，"公众缺乏治理能力"观念的一种最直接的外在表现便是"代表优先"。Box（2004）指出，"代表优先"历来被视为代议制的典型或默认模式。这一模式假定：知识和决策权威合法地属于当选的代表（包括立法者、行政长官以及他们任命的政治代理人），而不是属于公民自身。在行政体系庞大的政府体制中，这一假定在某种程度上是以其必要性为基础的。因为实际上不可能沿袭雅典或新英格兰城镇会议的议事政体，定期地把人们集合在某个地方，对公共事务加以辩论和决定。这种议事体制所需的社会代价极高，而且也难以具备其施行的现实条件。

长期以来，围绕着代议制政府的职能特征及其局限性的相关研究一直是政治理论的重要论题。它在 Blacksburg 合法性辩论[①]与 Spicer 和 Terry（1993）的"宪法的逻辑"之中已经得到了全面的讨论。与此相应，Fox 和 Miller（1995）则描述了"代议制民主的责任反馈循环"模型，他们视这一模型"起始于逐渐聚合为平民意向的个人偏好，被具有官僚作风的立法、执行

---

① Blacksburg 合法性辩论的成果集中体现于《黑堡宣言》（Black Manifesto）中。这篇对现代公共行政学产生了重大影响的学术论著由美国弗吉尼亚州立大学的五位学者共同完成。他们是 Gary L. Wamsley，Charles T. Goodsell，John A. Rohr，Orion F. White 和 James F. Wolf。1983 年春，他们在美国纽约首次发表这篇学术论文，全名为《公共行政与治理过程：转变美国的政治对话》（Public Administration and the Governance Process: Shifting the Political Dialogue），简称《黑堡宣言》，后收入 1990 年出版的《重建公共行政》一书中。1996 年他们又出版了《重建民主行政：现代的矛盾和后现代的挑战》。《黑堡宣言》的作者批判了 Schubert 和 Simon 等人所坚持的公共利益概念必须满足有效性的倾向。在他们看来，这是一种实证主义方法的霸权和偏见。在他们看来，虽然 Schubert 批评了 Simon 的理论，但他在本质上和 Simon 是一致的。《黑堡宣言》的作者批判了实证主义方法为追求公共利益的实现，寻求特定主题的倾向，同时他们还提出一种关于公共利益的权宜概念。然而，在公共行政学中的后现代主义者看来，"《黑堡宣言》作者们所提出的公共利益概念，本质上是高度现代性的体现"（Marshall & Choudhury，1997）。又可参见马骏、叶娟丽（2004, pp. 119 - 122）。

机构加以条文化，并依次由投票者进行评估和选择"（p.5）。Fox 和 Miller 相信这一模型"在可称为民主的任何治理方式中都是无效的"，因为它"不仅缺乏作为一个完整过程的可信性，而且它在任何阶段都不能像传统理论所预想的那样运行"（p.5）。在这一模型中，政客们通过"改革"和监督执行，谴责公共机构导致了他们自己的违法行为并以此向行政部门施加越来越多的控制与压力。基于上述见解，Fox 和 Miller（1995）运用"话语"理论，确定了与代表优先相抗衡的两个主要的理论取向：一个是"宪法的合法性"，另一个是共产主义。宪法的合法性辩称，尽管行政部门缺乏宪法地位，但应当承认，行政部门是宪法系统内的一个重要角色。这一观念对于那些厌烦了反政府情绪的人具有一定的借鉴意义，但它在公共治理的日常实践中所起到的作用却相对有限。共产主义则构想了一个属于积极参与的公民的时代：人们的基本生活需求可以通过政府的公共服务供给得以满足。然而，正如 Box（2004）所评价的，在今天的社会中，这又不太可能。不过，Fox 和 Miller 的贡献仍然是十分重要的：他们雄辩地强调了公众应当"参与到关于做什么样的决定之中"，并且卓有远见地指出了降低决策权威集权化程度的重要性与可行性路径。

Box（2004）认为，代议制政府中的"代表优先"在很大程度上是以集权化的方式压抑和限制了公民的自治潜能。他指出，当前的社会和政治背景之所以有利于集权化，是因为时下注重成本效益的公共部门更多地由新自由主义者掌握话语权，而较少基于广泛的公众意愿、民主对话、市民自决或社会变革的现实状况来作出评判。在选举出来的决策者、政府机构和公众三者之间的关系中，经济主义的"改革"可能促使知识与能力向更加远离公众的方向转移,并因此产生一种集权的、反民主的权力倾向。这些以降低税收和处罚不作为的官僚机构为基础的公众实践,可能起到了这样的作用:保护政府权力和行为,使之免受公民审查。——而公民审查恰好是被精英们视为缺乏治理能力的。在地方社区中,这一趋势可能会加强精英们的排他性倾向:通过把公众排除在公共事务的知识和决策过程之外,保护其自身的利益。如果政府部门采取类似于企业管理运作模式,即只需通过掌握管理技术和把公共服务职能外包给非政府组织以实现效率最大化的方式,那么除了偶尔开展表面化的满意度调查或"消费者"聚焦活动,是很少涉及公众互动或参与决策的。

Box（2004）认为,必须改变现有代议制体系中的高度集权化及相关的"代表优先"状况。他发现,在当前的公共行政体制中,代表优先的程度在各国政府行政管理体系中的表现是有所不同的。"代表优先"的一个例子是最初的美国参议员选举方法:那些由州立法机关选举出的人比直接投票选举出的人要占有更大的优势。而近来关于国家与州的层面的协商民主的研究（Barber, 1984; Bohman, 1996; Fishkin, 1995; Fung & Wright, 2003; Yankelovich, 1991）以及在"顾问—经理"城市中为直选市长而做的变革,则是尝试减弱"代表优先"的例子。

Box（2004）指出,在现有的代议制体系内实行分权化决策是完全可能的。比如,在市、县之类的政府机构内部,不是把决策权威集中于选举出来的管理机构和主要执行部门,而是向外分散到监督具体职能的市民会议、代理机构和委员会。这些机构包括诸如公园和娱乐中心、警察评议委员会之类的永久机构,街道、排污和供水等公共设施有关的市民会议,以及涉及平价住宅之类特殊利益领域的委员会等。"外在于"正式的政府机构，市民经常围绕各类问题，或基于各自的地理区域形成不同的组织。市民团体可能是非正式的，为处理某一特殊问题而创建，他们可能得到地方政府的承认，并给予他们向地方公共预算提出合理要求之类的权利。与由那些希望从公共部门合同或公共服务私有化中获利的组织联盟不同，显示出自治能力的市民团体是一种完全不同的参与力量。那些市民团体通常没有获利的预期与动机，并且它们通常也不容易受到权势的控制与影响。

在 Box（2004）看来，当分权的、以市民权利为基础的决策实践模式成为普遍标准而不是个案选择时，选举出来的代表和行政首长的角色是完全不同的。这样的实践表明，与其说需要正式法定组织中的变革（有些变革是必需的，例如国家和地方的宪法和法律），倒不如说需要对政府意图或其适当决策作出一种新的理解。作为"代表优先"的替代选择，Box（2004）将这种分权的、以市民权利为基础的决策实践称为"代表地位同等"，在这一情形中，选举出来的官员创设了分权化的治理机制，并监督其执行过程。这要求人们宽容地对待分歧与争论，并营造开放、包容的文化氛围，使得国家和政府政策不再是精英们墨守成规、规避风险目标之下的选择。

（三）行政效率的替代选择："广泛参与"

在 Box（2004）看来，"公众缺乏治理能力"观念的另一种外在表现是"行政效率"。公共行政是一种为公众提供公共服务的专业实践领域，而这些公共服务是人们通过他们所推选的代表和行政官员来予以实现的。运用政治理论或"委托—代理"理论之类的概念、方法，不难刻画出职业公共雇员和当选官员之间的关系。作为委托人，当选官员决定他们想要完成的行政工作规划，指示他们的代理人（公共雇员）去实行，并给予适当的监督和激励，于是公共服务则得以恰当地实施。尤其值得注意的是，近来的经济学概念路径对政治理论作出了补充，并且对行政效率理论给予了持久的关注。

不过，公共实践的真实意涵远比那些可以用概念加以简单表达的"控制"或"效率"等复杂得多。因为政府本身便是庞大而复杂的，所以此前很少有学者对其进行深入的了解。Box (2004) 举例说，在一个中等大小的城市中，对新当选的市长和议会成员来说，这是一件普通的事情：他们认为通过运用其拥有或经营的企业中的实践经验，即可对政府行政职能部门的变革产生直接的影响。然而令他们难以置信的是，他们的前任是如此愚蠢或软弱，以致未能做出理想性的变革。经过大约几周或几个月的时间，他们发现地方政府不像一个单一的企业，而是像许多企业的集合（包括街道设计和维护、警察巡逻、分区规章、住宅复原、危机通信、停车场设计、消防、取水和配送系统、建筑监查，等等），每一部分都有着国家层面的悠久而复杂的实践发展历史，都拥有期待行政者执行的、具有某种特定类型和标准的本地支持者，并且都与许多非营利组织或私营部门的组织发生着密切联系。Box (2004) 认为，当前对公共行政中的量化与测量的强调，使得一些学者经常专注于描述或重现当选官员如何对官僚机构进行严厉控制。他们倾向于把当选的官员看作反抗利己主义与低效率的且服务于行政国家的勇敢斗士，但是通常他们的所思所为却与公众和儿童保育员、警官之类的一线公共专业人士日常关注的事情缺乏关联性。

Irvin & Stansbury 在发表于《公共行政评论》的一篇文章

(Irvin & Stansbury, 2004）中追问：在经济学意义上，市民参与是否"值得"推崇？他们发现，为了决定是否应当消耗社会资源与经济资源来促进市民参与机制的形成，人们已经作出适宜的权衡标准。例如，如果公众对政府政策并非怀有敌意或者人们过去不曾抵制政府单方面作出的决策，那么从市民参与中获得的利益则相对有限；如果相关公共决策的制定要求市民精通复杂的技术知识，或者低收入居民虽应被包括其中，但倘若因其"工作与家庭优先"考虑而不能参加，那么普通市民参与政府管理决策过程的社会和时间成本就可能较高（p.62）。这就简明扼要地抓住了隐藏在"代表优先"和"行政效率"背后的、关于"公众低能"的主流观念的根本动因：当对精英阶层有利时，便可允许市民们加入以他们的名义创建、由他们资助的政府系统，此类社会活动的经济成本较低，所引致的社会纠纷也相对较少。同时，这一观念打着民主的旗号，有效转移了市民的批判视线。这些精英阶层仅仅把市民当作达到那些赢得选举者选票的目标性工具，并企图掩饰其政治集权的潜在意图。

Box（2004）指出，以行政效率为基础、用精确的计算技术来评估公共服务的实践成效，尽管可能会节省少许税款，却很少顾及社会价值、理想目标和政府对市民私人生活导向作用等领域的问题，然而它们却恰好是公共治理中应当着重关注的中心议题。对公共专业人士的角色想象与现实表现之间的矛盾，可能会模糊那些不直接参与公共服务的人所理解的日常实践规则。尽管如此，公共服务的从业者仍然有机会促成公众"广泛参与"行政过程：向公众告知公共服务的技术内容和当前实践的替代选择、促使人们在变革进程中发挥作用，以及把他们在工作中的所学转化为对决策者政策建议有利的信息。因为决策者可能与抵制公众自治的精英集团发生着某种关联。这一推动性的实践对很多人来说可能是富有挑战性的，然而，在公共行政领域，我们显然可以考虑将其作为"行政效率"的一个重要的替代选择。

"市民参与公共治理"长期以来一直受到联邦主义者和代议制政府鼓吹者的抵制。另外，许多职业公共行政人员也相信公众参与公共决策是不合适的，这要么是因为公众不能理解公共服务的运行机制，要么因为市民花费时间投身公共服务决策过程的效率低下，或者两种原因兼有。Box（2004）指出，具有积极的市民自治系统的社区所占的比重相对较小，而且在这些社区中通常只有少数人真正参与到社区公共治理。他认为，尽管自治所取得的成功有限，但那些成功的经历展示出，将控制的天平从政治与经济精英移向更广泛的全体公民的可能性（Berry、Portney & Thomson，1993；Box，1998；King、Feltey & Susel，1998；King & Stivers，1998；Musso，1999）。当人们具备充分的信息和机会进行商讨和采取行动时，他们将能够有效地处理诸如基础设施状况、发展计划、警察—社区关系、教育质量与公共财政之类的复杂问题。因此，Box（2004）指出，在行政效率仍然占据着优势地位的背景下，极有必要为这一观念进行辩护：除了投票之外，市民还应拥有广泛地参与到政府公共治理与决策之中的权利。

三　反行政与私人生活

与主流理论对"公共行政"与"公共生活"的强调形成对照的是，一些批判理论家（Adams, Bowerman, Dolbeare & Stivers, 1990; King & Stivers, 1998; McSwite, 1997; Box, 2001) 提出并阐论了作为替代选择的"反行政"与"私人生活"的重要性与可能性研究。

(一)"反行政":公共行政的一种批判性替代选择

就历史渊源而言,"反行政"(anti-administration)是由 David John Farmer 发起的一次小型公共行政运动的一部分。这次运动希望把研究焦点从诸如效率与控制之类管理规则上,转移至非行政和私人生活领域。然而,这并不是主张放弃管理能力,而是要广泛听取市民意见,尤其要吸纳那些对标准化管理持有异议者的意见。这次运动的共同的特征表现为:对官僚控制的厌恶、对重新分配知识与决策能力的渴望,以及对庞大制度体系所持的谨慎态度等(Box, 2001)。

"反行政"无疑是公共行政理论中一个特殊的概念:不仅名称而且内容都显得与公认的公共行政学目标相悖。因为它主张管理者应该分散权力与控制,重新审视自身的权力目标,在承担职责时更具"试探性"。像新公共管理/管理主义运动一样,"反行政"是对作为烦冗的、墨守成规的专门技术和专有术语的官僚机制的一种回应。不过,在 Box (2001) 看来,新公共管理理论旨在使技术控制与效率得以最大化,而"反行政"则是要把对公共行为的决断权从管理者转移到公众。在一定程度上,"反行政"基于一些后现代概念,如"谋变"(Alteriy),即对不同观念的道德合法性以及消除俗套思想的需要的觉悟(Farmer, 1995, p. 228)。

虽然与"广泛参与"有着很大的关联,但"反行政"又不仅仅是一种通过选举、磋商或教育而达成的公民参与路径。在一些国家治理领域,"反行政"还促进了"无政府主义"(Farmer, 1995, p. 238)、试图寻求"政府力量的根本性重新分配,以有利于社会的良性协调发展"(p. 234),以及要求尝试性而非命令式运作的"果敢的专业主义"(pp. 243–244)。Farmer 试图以下列问题引导人们对反行政作出更为具体的理解:

> 如果处罚机构怀疑其自身的处罚实施效果和效力,他们会倾向于作何举动?如果税务管理人员的道德倾向是怀疑税收制度和所有税收机构的,他们会如何工作?如果外交官觉得道德律令与其外交原则相悖时,他们又将如何选择?(1995, p. 244)

Box(2001)认为,有必要将"反行政"概括为一套新的、更为通俗的"行政箴言"。在他看来,"反行政"箴言可以取代 Gulick 最初的箴言,要求管理者把每个人看作独立的个体而非一个种类,避免用一种固定的、总体的视角来制定政策和规划,并鼓励公民参与治理。在这个层面上,我们可以将"反行政"看作另一种管理工具,即一种考虑组织管理的不同方式。

毋庸置疑,"反行政"展示了强烈的批判意识,它提供了一种与流行模式相悖的观点。在 Box(2001)看来,民主进步的历史应当是一部允许部分公民发声,偶尔允许他们质疑和反对由少数人制定的统治政策的历史。公共行政经常作为执行工具,为一小部分个人和团体服务,这些个人和团体为了私人利益而向公众施加影响。在我们看来,不能指望这些个人和团体在考虑他们自身利益之外,还会考虑他人的利益,并带着"谋变"的意识来实施维护公共利益的行为。在 Box(2001)看来,"反行政"包含了这样一种尺度：人们能够在不必畏惧公共部门的管理行为会损害其生活质量的前提下，自由地选择私人的生活方式。于此，生活质量可以通过以下一些指标来进行测量：例如，环境条件、质优价廉的服务、人道的社会关怀，以及人们重视或将要重视的那些价值目标导向下的公共服务。

Box（2001）特别指出，他所寻求的"反行政"并非处在一个国家或全球"政策"的抽象层面，而是处在政府最直接地与它所服务的人民相互作用、相互影响的层面。通过对公共行政史考察，我们可以发现，许多今天我们认为理所当然的公共服务曾一度被认为是私人职责。这在一定程度上表明："公共行政"并不是一个绝对的、带有固定模式或稳定边界的领域，它是一种不断发展、时有变革的过程。相似地，Camilla Stivers（2000，pp.54－55）也谈到，在改革时期妇女曾奋力争取对垃圾处置、卫生设施、公共交通、劳动薪金和工作时间等权益问题的处理。在许多情况下，在政府部门任职的男性们则拒绝把这些问题带到公共的、政府的领域中去寻求解决方案，他们将这些问题视为私人的、与公共话语和行为不相匹配的家庭琐事。与这些假定的女性问题形成鲜明对照的是，男性感兴趣的是注重政治和事务性效率的"重大"事件。而在 Stivers 的女性主义视角中，最紧迫的人类利益却是处于即时环境之中。当妇女们积极投身于被她们称为"公共母性"和"地方性家政管理"的工作时（Stivers，2000，p.9），她们并不是优先考虑"重大"事件，而是积极探讨"私人"问题的公共解决方案。在这一意义上，她们的主张经常内在地具有某种"反行政"的色彩。

（二）多元立场的自我

作为公共行政的一种替代选择、带有强烈批判意识的"反行政"之所以能够得以确立并得到普遍认可,显然不是出自公共部门、公共职能的支持。相反,"反行政"的力量来自与公共部门、公共职能相对的、作为个体的个人——Sandel 称之为"多元立场的自我"(Sandel,1996,p.350)。在 Bennett 看来,"多元立场的自我"与个人主义色彩浓重的"生活方式的政治"有着密切的联系:

> 人们过去往往专注于工业化民主进程中的经济整合和国家建设等这些宏大的政治计划,而现在则日益关注对层级社会中复杂特性进行思考与探索的个人计划。这些源自情绪活动的政治态度与行为更贴近家庭生活和个人计划,仅仅关注于政府公共部门是远远不够的。(Bennett,1998,p.755)

相应地,Box(2001)把"多元立场的自我"放置于地理区域、社区环境、政治经济以及物质利益诉求等多种维度之中,并对此进行了深入考察。

1. 地理区域

由于科学技术的发展和社会流动的加剧,今天的人们已经超越了自身社会经济活动与地理环境间的原始地域联系。借助日益发达的计算机通信网络及现代化的公共交通工具,人们在很大程度上摆脱了混乱无序、变数纷迭的由人与事构成的地理区域,同时也获得了更多潜在的选择机会。因此,在 Box(2001)看来,人们对摆脱地理决定论和强调人类自我决定的可能性(而非其局限性)的追求是可以理解的,人们将更有可能,也更有潜力积极参与到各种不同的阶层及其社会行动中去,这当然也包括对政府公共行政的参与。

在 Box（2001）看来，由于能够超越地理区域的局限，所以"多元立场的自我"这一现象是可以与公共行政并行不悖的（显然，目前政府在物理空间中仍然是划定了边界的）。他进一步指出，多元立场的自我和以地理为中心的公众利益是没有冲突的。相反，它们只是基于不同的分析单位：前者着重关注个体以及个体所具有的社会性或区域性的联系，后者则更专注于政府职权范围内的公共话语体系的建构，它所涉及的仅仅是个体生活中的一部分而已。

2. 社区环境

从 1918 年 Mary Parker Follett 的著作《新的国家》(*The New State*) 问世以来，人们就已经注意到：当人们处理居民在社区邻里交往中的矛盾和问题时，居民所处的社区关系网络及其社区文化环境是影响公民活动成效的焦点。

如今，互联网信息技术的发展使社区居民发布与获知社区信息、参与社区议题讨论变得更为便捷，许多时下热门的网站就是为专门发布和共享关于当地社区治理问题的电子信息而创设的。人们可以很方便地在一些社区网站上找到关于公共汽车路线、图书馆分布、城市历史建筑等多方面的社区信息。由此，身处社区环境中的居民与政府职员之间的关系就变得紧密起来，因为他们可以通过网络与政府部门进行直接的在线链接。在此，"多元立场的自我"可以获得更为广阔的实践空间，并能够积极地对政府部门提出各种意见与建议，甚至参与其中。

不同的社区面临着不同的问题。例如，有些社区重点讨论的是如何改善城市外观设施、有些社区则强调如何疏导公共交通、降低噪声污染等问题，其社区治理经验不一而足。然而，这些社区又有着一个共同的主题：人们团结一致地为解决当地社区发展与建设问题而采取协调性的行动。Box（2001）指出，这些社区环境问题与国家"公共政策"的宏大叙事相比，似乎显得平凡渺小，但它们对社区居民的日常生活实践而言却意义非凡，此外，社区的物理属性、公众的情感归属、文化的心理动力等复杂因素也与社区居民的日常生活实践紧密相连（Logan & Molotch，1987，p.20）。

3. 政治经济

众所周知，所有经由政府机构的集体选择而建构的各种利益关系都不得不屈从于公共资源的有限性。这种公共资源的有限性不仅表现在经济与政治、文化资源的稀缺性上，还表现为资源占有者与竞争者间的激烈角逐中。因为"在稀缺商品的分配中，歧视是不可避免的"（Johnson，1991，p.35）；同时，有些人还试图利用公众以及政府公共行政领域的政策优势以达致对私有利益追求的目的，即公众选择经济学家所说的"寻租行为"（Johnson，1991，pp.327-340）。Peterson（1981）则将公共政策描述为以自然与经济发展为导向，而与再分配政策或与我们所谓的社会福利无关。

Logan 和 Molotch（1987）指出，上述的公共政策发展状况以及公共资源的竞争环境对社区居民文化参与权的实现具有负面的影响。它以牺牲"使用价值"（居民从作为生存环境的社区中所获的益处——在社区中，创造一种安全、愉悦且具备一定社会功能的自然社区的期望）为代价，从而增加了"交换价值"（企业从作为市场的社区中所获的利益）（Logan & Molotch，1987，p.35）。

与一个社区的总人口相比，那些从作为市场的社区中获益较多的人所占比例较小。他们的个人得失大部分取决于诸如税款分配或制度规章之类的公共行为选择,所以他们具备强烈的动机,要组织起来对公共治理体制和公共管理者施加影响。其他人则没有如此强烈的要创建一个有组织的强势集团的个人动机(Olson, 1965),因此公众中的大部分人在公共事务中的参与度并不高,并且可能仅仅在他们直接面临某种特殊威胁时才会变得积极。在 Box (2001) 看来,随着中产阶级和福利国家的发展,政治经济方面的差距将逐渐缩小,"多元立场的自我"也将获得更好的发展,穷人也将尝试打破富人对财富的垄断。用 Rorty 的话说,"是斗争打破了这些垄断"(Rorty, 1999, p. 206)。

4. 物质利益

Logan 和 Molotch 指出,"大多数人的使用价值是为少数人的交换利润而牺牲的"(1987, p. 98)。在 Box (2001) 看来,从社区决策中获利最多的人所要寻求或营造的状态是,不受其对他人影响的阻碍而赚取金钱。因此,推动权力和财富聚集化的公共管理者并不是价值独立的,而是试图寻求一种影响民主政治本质的抉择。

Box (2001) 认为,目前存在着这样一种公共管理体制:即向那些以特定方式参加"游戏"的人提供报酬,并从公共机构与那些执行公共游戏"胜利"者意志的人那里获得支持。并且,人们时常对公众抱有这样的偏见:公众没有能力辨别合意的结果和不合意的结果,也没有能力区分可接受的环境和需要改变的环境。基于这样的认识,Box (2001) 指出,具有充分自觉的"多元立场的自我"必须致力于"消除阶级差异的不公平和私有财产与利润的优先权"(Ebert, 1996, p. 201)。

实际上，早在 1787 年 James Madison 就曾指出，"优势集团最普遍和最持久的资源已经演变为资本的多领域渗透和不平等的财产分配关系"（载 Rossiter, 1961, p. 79）。与此相应，17 世纪中叶，英国革命中的"平等主义者"便已奋起反抗被他们视为剥夺人权、自由财富与权力的压迫性的不平等。在 Box (2001) 看来，资本主义的生产社会化所取得的举世瞩目的成就，分散了人们对潜在的政府公共行政问题的思考，因此必须坚守"多元立场的自我"的自觉，并对人们的公共管理体制与物质利益分配状况加以深刻的反思。

（三）公民权利与私人生活

古典共和主义在关于公民权利的理想模式里，描绘了在公共话语中忙碌而忠实的参与者，这些人至少部分地将他们的自尊等同于对社会群体的贡献（Bang, Box, Hansen & Neufeld, 2000; Barber, 1984）。然而，Box（2001）指出，在大多数场合、对大多数人而言，这是不现实的。因为除了公民对政府不信任这个问题外，人们可能虽然对公共事务感兴趣但却不会直接参与其中，或者他们可能很少关注公共事件，除非发生一些直接影响他们的事情。就大多数人的生活节奏和生活内容而言，他们很少或没有时间与意愿，作为参与者去切实履行公共生活方面的公民权利。20 世纪 50 年代和 60 年代，社会学家和政治学家所作的关于社区权力结构的研究表明，实际上只有一小部分人参与到公共事务之中（Waste, 1986, p. 17）。可以用古典自由主义模式对这样的现象加以解释：这一模式运用代议制政府和官僚技术把公民排除在管理之外（Yankelovich, 1991），以更好地保护掌权者的利益。

面对上述现实，Box（2001）认为，如果能够在当代社会中确保"公共服务得到有效提供"，在很少出现决策失误或社会资源浪费的前提下，"绝大多数公民相信公共部门正在做的恰是应当做的"，那么，基于"多元立场的自我"的"私人生活"就应该是可以接受的。在 Box（2001）看来，这种"私人生活"既不必把对日常生活和家庭的关注诉诸公共领域之外，从而使妇女、少数民族或穷人处于次等重要的地位（Elshtain，1981），也不必像 Henry David Thoreau 所描述的那般如临湖小筑式地退出社会生活。Box（2001）认为，虽然在一定程度上，接受私人生活就是承认大多数人没有参与公共领域，但是，他们应该能够过相对不受干扰和侵犯的生活，而这种"私人生活"是其他公民在活动中设置并由公共管理部门依法执行的。因此在 Box（2001）看来，私人生活需要保护的人们应当包括那些有着不同利益需求、处于不同社会地位或身处于不同社会时代的人。

正如我们已经看到的那样，某些少数人能够特别有效率地策划公众行为，使之符合其个人意志；另外的小部分公民，则直接参与到公共管理之中；相应地，大多数人并不直接参与公共管理。然而值得注意的是，大多数人的利益诉求与少数公民的利益是不同的，而且他们也许得不到其他群体所采取的行为的支持。实际上，在很多地方，居民与当地社团、公民委员会等，为争取公共行政的参与权做出了巨大努力（Box，1998）。Box（2001）认为，对公民争取自治权所取得的成功经验加以总结、传播与推广，是十分有益的一种政治努力。

由此，Box（2001）指出，"私人生活"和"反行政"之间存在着明晰的关系：如果我们相信人们应当拥有免于受公共部门不当干涉的私人生活，而且如果不能总是期望选举出的官员和参与管理的公民为大部分人的利益服务的话，那么留给我们的就是作为公民和政府之间缓冲器的公共管理者了。他们在某种程度上倾向于成为管理精英的意志工具。——而这恰恰是我们应当反对的。换句话说，虽然可能要冒着反对主流社会政治范式的潜在风险，但"反行政"的框架与途径，无疑是值得公共管理者尝试的新路径。Box（2001）认为，为了保护私人生活，公共管理者可能要在某种程度上放弃中立服务的立场，并遵循一系列特殊的任务价值和服务动机。在公共行政领域，关于"如果公共行政并非价值中立，那么该如何假定其价值基础"这一问题的讨论由来已久。例如，在 1940 年 Friedrich-Finer 关于道德的辩论（McSwite，1997，pp. 29 – 52）、1945 年 Herbert Simon 关于事实和价值区别的论述，以及在 20 世纪 70 年代新公共管理对提倡社会公正的管理者的强调等论述。今天，人们有必要重新反思这些相关理论研究，汲取理论营养，并对可能侵害私人生活的新公共行政模式进行新的反思与审视。

这里所涉及的不仅是行政行为是否应当承载其服务价值，或者说，管理者应该为谁服务的问题——是为代表、公民，还是为依从一种公共管理的价值或理想，抑或为迎合其他公共管理者的任务与目标？既然我们承认私人生活应当受到保护，那么我们就应当考虑到未参与的公民，而不仅仅是当选的代表、一群有权力的组织和人，或者局限于那些参与的公民。公共服务的从业者具有绝大多数公民所难以具备的专业实践知识（如社会服务、计划编撰、教育医疗、法律实践等）。一方面，他们通过向决策者提供建议，来共同商定如何贯彻政策；另一方面，他们力图对公众的公共行为施加影响，从而更好地服务于公民的现实需求。如果公共服务的从业者选择不断修正他们的建议，来迎合他们所掌握的私人生活领域的合法性需求，那他们所了解和掌握的情况如何？虽然私人生活领域不可能得到充分彰显，但公共服务的从业者将逐步探索在公共领域中人类利益需求能够得以充分满足的社会发展模式，而这种模式恰恰是发生在无数公民对与其息息相关的、社区日常事件的回应中逐渐建立起来的。Box（2001）提出，公共服务的从业者应当通过来自日常生活的信息，包括媒体、街谈巷议以及从业者在职业背景外的个人生活经历、教育背景和学习计划等，来对隐含于人类利益模式之中的私人生活逻辑加以谨慎的揣测，并予以合理的揭示。

David John Farmer 的"反行政"理论提倡尝试，这是对行政体制和行为的质疑。在 Box（2001）看来，这一尝试很适合对私人生活的揣测与保护。在理论上，它也适合 Chantal Mouffe 的多元/自由主义民主政治的观念，同时超越了自由主义者的传统自然法构想，即"对政治秩序问题的理性、普遍性的解决方案"（1993，p.145）。某些公共管理者有时可能会在一种矛盾的背景下，对私人生活加以揣测与想象，这一矛盾背景处在民主社会肤浅的花言巧语和决定公民命运的更深层的、差别平等的经济关系之间。这使得他们时常进退两难。然而，Box（2001）认为，保护私人生活的建议和行动是否基于"社会关系是有缺陷和压迫性的"信念，或者是否基于"通过代表未参与的公民的利益而行动"的愿望，可能都无关紧要。重要的是，公共管理者应当明确地坚守其信念或愿望，运用他们的实践知识来缓和公共权力对那些不能（或较少）参与决定如何使用公共权力的人所施加的影响。因此，为了提倡对私人生活的"反行政"的保护，我们不必确定一种我们所认为的、从业者应当追求的明确法则（比如抽象的民主、更理性的价值理念、新公共管理中的社会公正，抑或共产主义的话语背景等），我们也不必天真地认为这是一剂万能药，是这个时代我们能做的最有建设性的事情。正像 Box 所说的那样，"我们提倡它，仅仅因为我们认为，现今在这个假想的民主社会里，它是我们应当要做的事"（2001）。

第四章

推进现实：批判理论与
公共行政实践的结合

在公共行政领域，不论是哪一种类型的研究范式，都力图推进现实并接受实践的检验。然而，与实证理论相比，批判理论所表现出的与公共行政实践的直接关联无疑是相对较弱的。为此，极有必要对批判理论的实质加以省察，分析出批判理论的缺陷及其根源，并进而探寻出批判理论与公共行政实践相结合的有效途径。

一 批判理论的实质

无论就形式还是就内容而言，批判理论都表现出了很强的多样性与异质性：其一，这种多样性与异质性表现在不同的历史时期与理论发展阶段上；其二，表现在对不同领域、不同问题的关注程度上；其三，表现在思想倾向、研究方法的选择上。因此，在很多情况下，人们甚至难以判定某种理论是否具备典型的批判性，这种理论归属的不确定性常常使得公共行政领域的研究者无所适从。正如 Arthur Sementelli 和 Charles F. Abel

（2000）所指出的那样：虽然批判理论家们宣称他们在解放个人和释放人性潜能方面有着共同的兴趣，但是批判理论并不能由一套封闭的原理所界定。同时，批判理论也反对将其还原为一系列的共同特性（Crozier，1991；Held，1980）。因此，理解批判理论及其在公共行政领域的应用，无疑不能仅仅停留在字面含义、常用术语的层面，而必须结合不同的语境、在不同的事物中寻找它们的"家族类似"①的性征。

在 Sementelli 和 Abel 看来，这些存在于批判理论家们构想中的"家庭类似"性征，与针对社会现状所提出的系统的、内在的批评具有紧密的联系。相应地，这些批评的主旨在于预期和实现日常生活中的平等和公正（Bohman，1990）。因此，对批判理论的最佳理解，也许就寓于对社会压迫和社会不公正的"继续进行的方式"或"下一步该做什么"的思考模式或行动意向之中。无疑，人们的生活既是值得继续，也是能够加以改善的（Marcuse，1974）。批判理论正是通过废止压迫和社会不公正，来提升体现人性全面发展的自治、促进个人的自由，并将理论转化为活生生的经验来加以重构。在这一意义上，批判理论就由多种多样的意图构成，这些意图旨在把理性、言论自由与民主社会组织形式制度化的根本目标结合起

---

① 家族类似（Family Resemble）是著名哲学家 Ludwig Wittgenstein（维特根斯坦）提出的概念。所谓"家族类似"，是指没有一个特征是所有"家族"的成员都共有的，但所有的"家族"成员彼此之间都有相似之处。Wittgenstein 用"家族类似"来概括那些诸多各自分离、各具独特性的概念和范畴。人们往往不能根据必然的和充足的条件理解这些概念和范畴，但可以基于它们的多样性和相互重叠的标准，借助"家庭类似"概念来对其加以认识。Wittgenstein 举出了"语言"、"游戏"和"数字"的例子，指出它们并没有我们原先设想的那种统一性，即它不是本质主义意义上"共同点"的延伸，而是"相似点重叠交叉的复杂网络"（Wittgenstein，1992，p.65）。

来，从而为每一个人赋予自主意识与特定权力，使其自由、公正、理性的实现均具备真正的可能性（Jay，1973a）。批判理论家们希望所有这些目标（以及它们的每一个组成部分）的意义都能够被社会地和历史地确立、解构与重构。在获得授权与自由的公民的构想中，公众仍然不断地最大限度地在彼此之间以及所生活的环境之中发挥着协同作用，在社会结构以及他们自身的思考模式或行动意向中进行着建设、解构与重构。在 Sementelli 和 Abel（2000）看来，这一构想组成了一个所谓"批判本能"或"批判动机"，自始至终地贯穿于所有的批判理论思想。

（一）拒斥决定论

批判理论拒绝承认包括公共行政在内的人类事务（物质的或先验的）中存在任何形式的决定论，而这在很多理论系统中却被视为理所当然的。批判理论常常倾向于认为，实证主义的理论和方法论之所以被歪曲，是因为它们忽视了"社会的"世界中，人类历史及其制度发展的内在本质规律。例如，经济制度与交换过程常被批判理论家理解为人类的利益、需要以及心理动力机制的表达，而不是自然规律或者独立于人类及其制度之外的"无形的手"的作用结果（Habermas，1987；Marcuse，1974）。而且，因为制度都是被社会地建立的，它们可能会受到合理的质疑，并基于当前形势下的一些客观理由作出改变，再以显性或隐性的方式满足人类的利益（Habermas，1987）。因此，批判理论大都对主流的、实证主义的和工具主义的思维模式进行抨击。这些思维模式均被认为是对现实的曲解，因为它们无法超越处于"后台"的自然规律或社会系统的内在需要与价值，正当地强调人类的需要和目的（Sementelli & Abel，2000）。

（二）否定主流意识形态

在批判理论的视野下，所有理解某事的范畴、理论体系、话语、方法论（例如，科学的方法）以及所有的制度都被社会地和历史地建设着，并且这类基于社会与历史的建设将会不可避免地带来阶级压迫以及社会不公正的结果（Habermas，1981）。为此，批判理论家普遍希望在某一社会的意识形态和制度架构内部触发信心危机、寻求替代性选择，并将之付诸实践。为了达成这一目标，他们大都特别强调在某一社会里占统治地位的话语、本体论、价值观和认识论中所固有的内在冲突。这些内在冲突往往通过对历史发展脉络、技术理性、现代性、性别歧异等社会事件或社会现象的反思，经由哲学/政治学/行政学话语中自反的或者否定的辩证法得以表达。比如，批判理论家总是在对主导意识形态的语言、假设、公理等隐含内容的否定中，寻求意识形态的批判。他们常常争辩说，正是这些隐性内容把权力强行凌驾于人们之上，引发合法性危机。而这些合法性危机又恰恰促进了解决问题的新思路的萌生。实际上，所谓新思路大都围绕着"少些压迫，多些解放"的主题展开（Sementelli & Abel，2000）。相应地，批判的公共行政理论也时常将重点集中于解构那些处于主流地位、得到社会精英全力支持与倡导的意识形态、价值判断、行动方案以及社会政治组织话语体系（Dennard，1997，p. 150）。在 Sementelli 和 Abel（2000）看来，人们期待这样的解构能使某一特定社会的观念基础与运行机制中的矛盾清晰地暴露出来，从而促进人们对那些被隐藏的压迫、强制与不自由的关注，进而激发出改革的内生动力，不断推动社会变革。

（三）挑战现实

批判理论的方法论基础可溯源至 Hegel 的辩证逻辑（Friedrich，1954）。依照辩证逻辑所说，真理存在于批判的过程之中。这一过程包括自我批判，其主旨在于积极地挑战既定现实、改变现有状况。因此，批判理论家们总是希望能在既定的现实中挖掘出批判理论的潜力，并使其更好地指导行动与实践（Marcuse，1941）。这一批判与挑战既通过话语，又经由实践才得以达成。正如一些公共行政领域的研究者所指出的，批判理论在实践与理论两个方面，都力求就人们对特定社会情境所作的一切质疑、反驳和追问，作出最大限度的适应性回应（Dennard，1997；King，1998）。

二 批判理论的缺陷及其根源

近几十年来，批判理论已经引起许多领域的学者的关注。其在知识基础、跨学科性以及对当代社会的深刻洞悉等方面的各种独特优势，吸引着那些站在激进主义立场上的、不满于现状的人的目光，并启发着他们用批判的方法去分析和重新审视各种社会现象。由于能够以开放的态度考察历史的进程、承认现实的辩证复杂性，一些学者（如 Habermas）得以出色地运用批判理论来认识那些晚期资本主义（late capitalism）条件下各种权力、统治、控制的模式，并将其卓有成效地推广到现代/后现代的社会情境中。但批判理论并不是没有缺点。其中，最为持久、最令人棘手的缺陷之一便是在批判理论之中出现了精英主义的、冷漠的和过度智识化的趋势。正如一些学者所指出的那样，批判理论往往过于强调了其理论成分，而付出了牺牲实践的代价（Zanetti，1997）。

Sementelli 和 Abel（2000）认为，对于批判理论家来说，最重要的就是把"理论"重建为"活生生的经验"。他们指出，只有在接受追求解放的历史实践的检验时，理论才是有意义的。任何针对那些被否定的本体论、价值论与认识论而进行的选择之所以有效，全赖于人们在日常活动中对这一选择的实践。在这个标准下，批判理论在总体上似乎是失败的。因为几乎没有证据可以表明，当前任何政治运动、政党选举、利益集团或政权制度的行为是由固有的批判理论推动或引导而展开的。我们似乎无从找寻现代批判理论家们所描绘的、具有实践指导意义的批判理论模式（Sementelli & Abel，2000）。

在 Habermas（1987）看来，实践是将批判理论及批判分析同无历史记载的经验事实、抽象概念加以区别的关键性因素。然而，与作为哲学的批判理论有所不同的是，公共行政领域中的实践指的是对当前形势作出批判的、具体的、有意识的、实际的行动。这种实践最终将导致反对现有社会、政治及经济体制的直接行为（Zanetti，1997）。在公共行政领域，批判理论时常会遇到更多的实践方面的困难。

自 Robert Denhardt 首次提出要发展公共组织的批判理论起（Denhardt，1981a，1981b），距今已有 26 年了。Denhardt 曾在著作中作过雄辩的论述（Denhardt，1981a，1981b，1987，1993；Denhardt，1979），阐发了许多关于公共行政批判实践的洞见，并得到其他许多人的回应（例如：Felts, 1992; Forester, 1981, 1985, 1989, 1993; Ramos, 1981; Rizzo & Brosnan, 1990; Scott, 1985; Steffy & Grimes, 1986; White, 1986, 1987）。然而，尽管公共行政的批判理论几十年以来一直受到持续的关注，这方面的文献也在不断增加，但在很多学者看来，公共行政的批判方法却仍处于"边缘化"（marginal）的困境，还未取得实质性的进展（Box, 1995）。

Lisa A. Zanetti、Arthur Sementelli 和 Charles F. Abel 等人认为，批判理论之所以处于"边缘化"地位，无法取得重要进展，这在很大程度上是由于在公共行政的理论与实践之间还存在着难以逾越的鸿沟。就现实而言，被公布的研究中鲜有适合于批判性实践的理论成果（Box, 1992; Houston & Delevan, 1990）。① 此外，公共行政学课程也几乎从不将批判理论之类其他的替代性传统理论列入其中（Hadjiharalambous & Zanetti, 1995）。这表明，未来的学者和实践者可能将无法接触到这些批判方法，也不可能将批判视角与其职业生涯及学术研究活动联系起来。这种局面几乎根本无法使批判理论摆脱其边缘化的状态。当然，也有学者认为，这正是由于批判理论的本质所致。——根据这一解释，批判理论的功能就是巧妙地置身于主流之外，以保持清醒的观察来分析和审视各种社会现象。它拒绝从属于，甚至拒绝被主流观点所左右，这样它就可以自由地（或者说合乎义务地）指出主流观点的不一致性，并揭示其中的严重谬误。从这个层面看，批判理论可以成为一个忠实

---

① 这其中也包括许多非实证主义的方法，如：批判理论、现象学、建构主义、解释学等传统。这些方法与定性研究方法又有显著不同（如传统的个案或观察法），其目的依然在于解释或描述，而不在于变革或诠释。

的传话筒，它表达着人类社会求解放的心声，并提醒着我们欲达成此目标的现实差距。根据这一观点，批判理论必须保持其边缘地位才能确保其权威性（Zanetti，1997）。

Zanetti（1997）指出，公共行政批判理论的绝大多数作者都沿袭了由法兰克福学派首先提出、后来被Jürgen Habermas所发展的理论传统。她认为在这一作为知识基础的理论传统中，存在着这样一些明显的缺陷，正是这些缺陷阻隔了公共行政理论与实践之间的联系。

第一，由Horkheimer与Adorno等人发展而成的批判理论与实践显然是脱节的。虽然，在批判理论基本观点及其方法论形成的过程中，他们的工作是奠基性的，但他们有意切断了与政治行动间的关联，因而也就无法对社会变革提供任何有价值的理论指导。具有讽刺意味的是，尽管批判理论方法的初衷在于要为改变现状寻求出路，但是由于它仅仅依赖于批判、与实践缺乏明显联系，因而时常被学界质疑其难以对现实变革产生根本性的触动。在Marcuse那里，批判理论难以勾画出一个更为美好的将来，因为它"不具备填补现在与将来之间的空白的概念"（Marcuse，1964，p.257）。于是，由于"未作承诺，不展示成功，它保持着否定的姿态"（p.257），所以批判理论能做的只是提出批判（Box & King，2000）。在Box和King（2000）看来，批判理论在公共行政领域只有有限的运用作用，可能是因为在单向度的社会中，人们不能意识到可能的替代选择，或不愿见到社会矛盾与冲突。因为社会矛盾会扰乱现有社会体制的运行状况，并导致其社会运行的潜在危险；或者是因为引起批判思想反思的社会问题已得到解决，人们已不必再考虑未来与现在的价值观和目的论的差异状况。在超现代主义、新保守主义、消费主义的著作中可以找到接受已有知识、消除选择性知识的正当理由;每次论辩性变革都注定会迅速消退,旋即成为模糊的记忆(Box,2004)。

第二,人们过于尊崇和追随 Habermas 的思想,而很少关注其中蕴含的政治意义及社会效果。Habermas 常被引用的早期著作(Habermas,1971,1973)都是那些受法兰克福学派的哲学及其推动力影响至深的论述,这些著作同样也依赖于 C. S. Peirce 的实用主义来为他的话语理论(discourse theory)提供方法论和框架结构。Habermas 在较晚近的著述中,试图复兴理性及其有益特性,在此过程中他开始系统地背离其早期著作而更加接近于"激进自由主义"(radical liberal)的观点。虽然这样一种哲学状态也许更适合于美国的自由民主,但这也许就难以激发起批判理论试图寻求的社会结构性变革的努力。实际上,因为 Habermas 的理论所提供的只是一种改变社会认知及期望的辨识力量,而并没有提供任何实践机制,其话语理论也仅仅强调对社会结构性变革的部分改革或修正,只停留在一种边缘化的层面。Habermas(1981)通过在语言的跨主体结构里建立诸如公正、平等、解放之类的概念来回应这些问题。他的观点是:假如社会规范在理想条件下,经过合乎逻辑的讨论能够使其得以实现,或能够使其获得实现的现实依据,那么这些社会规范就将是合法化的。这里的理想化条件是基于人们共有的三种兴趣形成的:其一是有效处理自然世界的兴趣(一种积极的、科学的和技术的兴趣),其二是有效实现个体交流与合作的兴趣(一种解释学的兴趣),其三是增进权力的兴趣(一种追求解放的兴趣)。要满足人们的这些兴趣就需要一种没有受到权威、传统强制和隐喻约束的话语实践方式。任何参与者、思维方式或方法论都不应当被赋予特权,任何一种主张都应当经受挑战,而且所有参与者都应当诚实正直。由于这个理想的言说情境为所有人提供了平等的权利,防止了基于贪婪、教条、传统和威压的决策,所以它将就何为公正、平等和解放达成一个没有偏颇的协议。最终,这种观点在"话语伦理"和某些"推理规则"的概念中达到顶峰。这些概念力求对那些通常由能力出色的社会参与者所掌控的、隐含于社会互动过程中的直觉和观念加以再认知与重构(McCarthy,1967)。问题在于,创设这种理想言说环境的困难十分巨大(Zanetti,1997,pp. 153-154)。因此,它并不能提供一种"理论—实践"鸿沟之外的实用方法,而是表现为一种在实践中无法实现的抽象的先验标准。

第三,人们历来默认批判理论缺乏操作性,并将其视为批判理论的基本特质。然而,为了对公共行政的实践产生更具实质性的影响,批判理论必须像自然科学领域中的研究项目一样,具有更为有效的操作性。在实证研究中,操作性是指研究者尽可能明确地描述一种特殊现象是如何被界定、被测量、被研究和被评估的一种状态。操作性可以使理论基础、研究问题的概念与实际观察到的可靠资料联系起来,为研究者的经验研究提供更切实际的参考框架。它使理论和实际(探索的实际行动)在研究过程中有效地联结起来。当然,这并不表明批判研究应当遵循实证研究的规范和程序。为实现批判理论的进一步发展,那些试图发展公共行政批判理论的人必须积极地将批判研究方法论与实践研究联系起来,从而提供一些切实有效的替代性方法；反过来，如果没有切实可行的方法，人们就会陷入迷惘，理论和实践的鸿沟就更加无法弥合。例如，说公平与自由比不公平（毕竟，它们可能被轻易地重建，就像"资源分配的判断"一样）与压迫（"在规定的过程中一只导向的手使我们保持安全"）要好的观点，不能给人以任何裨益。人们真正需要的，是找到解放人类自身，走向公平、自由的方法。正如 Box（1995）和 Zanetti（1997）所言，公共行政学的理论家们若想取得更多的成就与学术影响，仅仅在哲学层面上努力探寻是不够的，必须要代之以具体的实践，并为实践的困境开出有效的"处方"。Marx 曾指出："哲学不仅仅以各种方式来理解这个世界，关键是要改变世界"（1978，p. 145）。在"以知识为旨归的自我反省与自主和责任的兴趣达成一致"的前提下（Habermas，1971，p. 314），批判理论和实践必须相互结合，才能导向人类的解放（Denhardt，1981a）。

总之，在批判研究的视野下，公共行政包含了远比技术关怀更为宽广的内容。然而正如 Denhardt（1981a）所指出的那样，我们不应仅仅把这样的认识看作理论层面上的可能性，因为它同时也必然要涉及实践领域的探索。当我们各自推动我们自身和我们所处的社会朝着更多元化的选择方向前进，而不是制定更多的技术规则时，我们应当在主观和客观、理论和实践之间搭建桥梁，以更好地理解和改变世界。

三 "进化的批判理论"① 与 "参与式研究"

在公共行政领域,已经有不少学者注意到批判研究中理论与实践的分离问题。他们对此达成的一种基本共识是:为了使批判理论能够促进解放和根本性地影响变革,就不应当直到讨论之后才作出判断和行动,而应当将理论、判断和行动三者紧密结合起来(Meyer-Emerick,2004)。Bronner 也声称,批判理论有复苏的希望,关键是要为批判理论确立新的焦点和相应的实践观,从而使批判理论更适合于促进公共事务和公共服务事

---

① 进化论(evolution)在 19 世纪后用于生物学,专指生物由简单到复杂、由低级到高级的变化发展。又称演化论。Chevalier de Lamarck,St. Hilaire,Charles Robert 等人是生物进化论的奠基人。19 世纪下半叶,达尔文的《物种起源》(1859)问世后,以自然选择为中心的生物进化观念在欧洲产生了广泛而深刻的影响。Auguste Comte,H. Spencer 等思想家进一步把生物进化理论引入社会历史和文化研究领域,导致了社会进化论的产生。早期社会进化论者认为,社会的进化和生物进化一样,是一个缓慢的、渐进的过程,是从低级到高级,由简单到复杂的直线式的发展。在阐明社会历史发展的动因时,他们往往诉诸自然界的规律性认识,大多具有决定论的色彩。19 世纪末 20 世纪初,随着反实证主义思潮在社会意识中影响的增大,传统的进化观念受到质疑,社会进化论在社会学中的影响逐渐减弱。20 世纪 60—70 年代,发展中国家的经济和社会发展问题受到普遍关注,引发许多学者重新看待传统进化论,并完善某些概念,出现了新进化论或称现代社会进化论的学说。与早期社会进化论不同,现代社会进化论不再对社会发展阶段进行猜测,而是把重点放在研究不同社会发展的变化模式上。它认为社会的发展不是直线式的、渐进的,而是时有跨越、突跃的过程。从发生学上看,人类作为一个整体必须经过一系列的进化阶段,但每一个社会不一定必须经过所有的进化阶段。现代社会进化论提出了 5 种社会变迁类型:①非必然的进化。社会发展到某一阶段,可能会导致进一步进化,但也可能不会发生这种进化;②非直线发展的进化。不存在一个所有社会都必然经过的单一发展阶梯顺序,社会通过不同文化的相互传播,可以跨越某些发展阶段;③非社会达尔文主义的进化。认为协作化竞争更能带来进步;④不含最终目标的进化;⑤非同步的进化。经济的增长、科学技术的发展,不是必然地伴随着文化的同步发展。本文所说的批判进化理论,有别于现代社会进化论。

业的发展（Bronner，1994）。为此，我们可以回溯到更早时期 Veblen（1961）的"进化的批判理论"，以其影响深远的论见为背景，更全面地理解和思考这一问题，并从中获得启发；同时，我们更有必要对 Zanetti（1997）、Box（1995）等较晚近的研究成果加以关注，他们所倡导的"参与式研究"无疑是迄今为止促进批判理论与公共行政实践相结合的一种最积极有效的研究途径。

（一）消解理论/实践鸿沟的"进化的批判理论"

Veblen（1961）避开了所有先验的意识形态和方法论，提出了"进化的批判理论"：它不带意识形态色彩、不作隐含假设、不存在备受当前批判理论质疑的无稽准则问题。正是在这一进化的批判理论中，我们可以看到一种解决理论与实际鸿沟问题的有益尝试。

Veblen（1961）认为，理论与实践之间的鸿沟在很大程度上是一种幻觉：它根本不曾真正存在，至少不是长久地存在着。这是因为，在人们应对自然灾害、生理需要以及人性结构变迁时，思想和理论也会随之发展。当这些思想和理论在其所处的情境、背景和历史中对各类生理、心理需求作出反应的时候，这些思想和理论本身（包括当前的需要理论和利益理论）也在同样的意义上"进化"着。在这个过程中，没有目的论与决定论，只有重实效的、丰富的、未经指导的反复尝试与验证。只要这个过程是人为的、不受外在强制性因素制约（例如对人类文明制度的遵循），那么一切可能发生的"进化"就会发生；所有能获得的思想和理论的有益成果就会保留下来（至少目前如此）。于是，思维习惯将会产生，并且要么适应其发展，要么快速陷入衰败。思维习惯一旦衰败，人类、制度和文明又将发展出新的思维习惯，这些新的思维习惯能够经受考验、应对困境抑或逐渐走向消亡。无论如何，在 Veblen（1961）看来，思想、理论和经济社会形势的有效结合将自发地、内在地弥合理论与实践的鸿沟（Sementelli & Abel，2000）。

为了更加准确地理解这一过程，首先就要考虑哪些因素构成了理论与实践鸿沟的必备元素。在"理论构建起一种实践中从未实现的抽象理想"——Socratic（苏格拉底式的）和 Aristotelian（亚里士多德式的）的"理论"观念——这一意义上，或许存在着理论与实践的鸿沟。Veblen（1961）争辩道，理论与实践的鸿沟不可能长久存在，因为实际上不可能存在完全被动的了解——不可能有在时代、背景和形势之外的发展。反过来，所有的思维习惯以及相关理论则必须因一些意图而形成，并且必须服务于人类利益（Sementelli & Abel，2000）。

Veblen（1961）认为，人们目前所注意到的类似于理论/实践鸿沟的那些状况，实际上只不过是发生在两种事物之间的冲突：其一是由某些理论所引起的思维与行为习惯，其二是由相关经验所带来的新的思维习惯，就具体情境而言，这些经验性的思维习惯也许更为重要。在现实中，人们必须审慎权衡并选择在这些由经验所带来的思维习惯中，哪些因素是应当放弃的。因为它正在抽象地理论化，并且看来并不能直接促进人们的利益的生成（Sementelli & Abel，2000）。这样的选择会导致理论的发展取向及其理解方式的差异。因此，理论/实践鸿沟在根本上可能只是不同理论之间的差异与分歧而已。

其次，理论与实践的鸿沟也可以从这样一层含义来理解：人们通常期望，只要依照理论行事，就可以更好地服务于与人类利益相关的实践。然而这样的期望往往落空。即"虽然理论听起来很合理,但实践起来却完全是两码事"。Veblen(1961)对此的看法是:由于事物总是进化的,所以变革的趋势时常变动不居,从而导致旧的理论不断地显得过时、不适用。但值得注意的是,总会出现新的理论,它常常充当媒介或"中间人"的角色,通过各种方式把旧的思维与行为习惯和新的习惯与事实结合起来,以保证社会发展的连续性。由此,它在有效控制、直接策划、高效沟通以及进化意识变革等方面有效促进了人类利益的价值满足。于是,回到先前的问题上,Veblen(1961)仍旧否认那种人们通常所强调的理论/实践鸿沟。他认为,至多在完美契合的理论与实践之间存在几分迟延或不完全同步,实践总是要寻求理论的支撑,理论也总是期望得到实践的检验。在任何一种情况下,理论都或消极或积极地证明着它自身在实践中的适宜性(Sementelli & Abel,2000)。

再次,当有人声称一种理论"在某种情境与背景下最好(效用最优化)"时,人们其实并不知道欲达致这种效用最优化的理论所必需的经验与事实,因而也就无法从根本上认清这一原理,更不用说付诸实践了。——从这一意义来看,理论/实践鸿沟也是可能存在的。而且,实际上事物在"次佳理论"的作用下,也能相当好地运作(维持其良性的运作秩序)。这似乎也表明,理论与实践之间并不存在完美的契合。然而,Veblen(1961)则从另一种新的角度来进行理解:如果人们缺乏足够的经验事实来证明当前的理论指导并不适用,那么,这种理论和实践经验就必须很好地结合起来(Sementelli & Abel,2000)。而且,这种结合是完全有可能实现的,它主要取决于个人的努力程度。

最后，人们也相信理论/实践鸿沟可能会以这样一种方式重构：一些人认为，可以从其认可的实践与经验中分离出来的一些原则和理论，人们确认并选择这些原则作为个体展开行动的指南，将其提炼、概括并系统化为一种理论或学说。在 Veblen（1961）看来，这样的理想近于神话，这意味着它并不像它的理论逻辑那样抽象。于此，不仅理论与经验有时会相互背反，而且经验也时常被理论否定。人们热衷于把世界想象成只用一种方式运转的整体，并且远离相悖的经验与指示，持续地、一厢情愿地忽视、解释或想象某一事物的发生、发展过程。（Sementelli & Abel，2000）。在这一意义上，人们会发现所有先前的信仰体系（基督教、马克思主义、资本主义、民主主义）都存在着理论/实践鸿沟，并且他们之间的争论都仅仅基于其阐论者理论构思间的差异。与其说这样的理论/实践鸿沟存在于现实之中，毋宁说产生于人们的假设与想象中。

Veblen 的进化观念促成了他对理论构思的理解。在他看来，源于构思的理论不能塑造出"正确的行为"（1961）。然而，与 Socratic 相似，他又认为这样的理论必须为人类利益服务，否则它们将失去了存在的意义；这些理论所作出的贡献在某种程度上决定了该理论研究的价值，因此，理论必须服务于人类某些非常重要的利益，至少是要为社会中的部分成员提供服务的；此外，对部分利益的满足必然会导致对其他利益竞争者的拒斥。人们会在实践中对理论作出适当选择并加以排序；而且，正像进化理论所坚称的那样，因为一切可能发生的终将发生，所以我们有可能看到一系列即时发生的、强调适应性探索的"大杂烩"（Sementelli & Abel，2000）。由此，那些被实践经验证实为有效的理论将趋于繁盛，而那些脱离实践的理论或学说则必将历经磨难、疲于应对或者沦入消亡。Veblen（1961）指出，现实中有两种不同的情况经常发生：有些人会在他们的理论和他们所置身的环境间创设一种和谐情境，其结果或许会产生高效的行动；还有一些人则不会以任何有意义的方式简单地把理论与实践相联系，却注重这二者的区别，这种观点可能也会导致有效的行动（Sementelli & Abel，2000）。

总之，在 Veblen（1961）看来，要么理论和实践最终融合，要么社会及其成员所遵循的思维习惯就会历经磨难、疲于应对或者沦入消亡。当前的一些批判理论家也赞同 Veblen（1961）的观点，把理论/实践鸿沟主要看作一种幻象。比如，King（1998）就坚持"理论与实践的鸿沟不是真实的，它是由我们构建出来的，并且能够通过某种有意义的方法而解构"（p. 188）。不同的是，当 King 在阐述"推翻理论与实践之间的隔墙……并且解除那些令某些人有凌驾于他人之上的特权的信仰体系"（p. 160）的必要性时，Veblen 则可能会争辩说在某些情境下，这些阶层间的藩篱和特权体系能很好地服务于人们所将追求的利益。如果正确地将它们融入背景，它们甚至可能会迎合那些企图消除它们的某些策略与意图。就是说，它们也许是与理论与实践之间"暗含着的似是而非的矛盾"共存的"最适合的"方法（King，1998，p. 160）。在这个意义上，Veblen（1961）的进化批判理论有别于当前的批判理论及其所有二元论的解析，这与 Dennard（1997）抛开整个后现代主义有很多共同之处。Veblen（1961）在试图克服理论自身的困境的过程中，体现了进化趋势中的一个处于过渡期的批判理论形式。

简而言之，Veblen 的进化批判理论在弥合理论/实践鸿沟的尝试中，所采取的方法是：不作任何形式的目的论或决定论的假定，并且不对优先权、特权或权力缺席等问题妄加评判。譬如，它没有假定人类的利益、需求和精神动力总是（或从不）通过共同的、单独的或互有先后地促进人性完善和个体自由的完美契合。它还假定没有线性、双线性或多线性逻辑的区别。显然，经济与社会发展的"下一个"阶段就有可能被忽略或跳过，任何经济与社会发展阶段的衰退和停滞都是可能的。只有在具体情境中，我们才能在不同程度上审视和评价其经济与社会发展阶段的实际效能。尽管"最佳"的概念在话语（包括批判话语）实践体系和主导意识形态中被制度化了，但人们是否采用了与周围社会经济环境相适宜的制度、特权或需求关系才是关键所在。如果出于某些原因人们没有采取这些最优化的制度（譬如，因为外部强权镇压、社会内在弊端或他们无力动摇那些不适应的思维方式与行为习惯），他们就会遭受痛苦，直至最终消亡。于是，作为对"除了息事宁人之外，民主是一种很坏的政府形式"的主张的评判，我们几乎可以想象，Veblen 也许至多再回答道："好罢，也许现在是对的。"换言之，大多数社会变革理论都在（内嵌于社会现象结构中的）改革源起或方向的意义上寻求一种"内在动力"的假定，而 Veblen（1961）则抵制了对那些"内在动力"的探求，因为这种"内在动力"诱使人们以偏见曲解历史，进而把历史发展的必要性归因于机会、幻想、创造力以及其他的社会条件性因素。同时，Veblen 避开了悲观主义、相对主义和虚无主义的倾向，专注于排斥具有内在特性的历史偶然事件。他把社会变革说成受"外部"影响和具有"方向感"的"进化推动"的结果（Sementelli & Abel，2000）。

因而，Veblen（1961）的进化批判理论是一种对当前情境下的变革潜力加以控制并进行有效回应的一种理论。当人们在日常生活中致力于满足其个人或群体利益时，他们自己创造出了当前情境。Veblen（1961）的进化批判理论阐释了社会结构的内在矛盾性、变革的时间性与空间性、个体的价值预期及适应性与非适应性行为等概念。由于社会结构的适应性往往以文化环境、利益分配以及行动者的思维与行动模式为前提，因而这种社会结构本身并不能作为社会进化和社会变革的决定性力量。每一个经济与社会发展的"新阶段"都基于这样一种内在的假定：由制度环境、思维与行动模式、话语实践和社会互动模式等要素组合而成的社会结构，是克服此前各阶段的局限性的重要策略（Sementelli & Abel, 2000）。

既然进化批判理论并不是目的论或决定论的，那么就此意义上来说，一些先前的阶段或较为闭锁的话语和制度结构或许会在当下形成一种良性运转的社会结构。就是说，经济与社会发展阶段的某一衰退和抑制过程也许是可控的、可适应的。同时，它们的可控性与适应性将取决于社会结构变迁中的矛盾协调机制、资源整合模式以及人们的利益评估体系所显示出的实践成效。大多数违背人性的刻板的、压抑的、不民主的、无益于解放的制度也都是对某些社会情境的自然进化的回应。在这些社会情境中，它们可能作出最适合社会制度结构的选择。我们时下所考虑的用以完善话语和制度结构的那些事物，不应当在过去或将来的层面上被曲解。在 Veblen（1961）看来，强调人性尊严与个体自由（解放的制度）的民主过程也许并不总是最恰当、最适宜或最稳定的（Sementelli & Abel, 2000）。

于是，在 Veblen（1961）的进化批判理论中，解放、平等和人的完整性一方面丧失了它们的先验（其意识形态的）地位，另一方面又转而获得了由实际情境所传达的人类行为的意义与重点。因而，解放、平等和人的完整性的出现（不仅仅是它们在社会情境中所代表的价值与意义）由此变得颇具历史偶然性，并且它们发生的可能性取决于人们是否怀有迫切的期待，以及愿意为此付出代价与资源的程度。由此，这就弥合了理论/实践的鸿沟。对解放、平等和人的完整性的希求催生了这样一种信念：社会要么迅速地消亡，要么最终选定一种最适合环境的制度，并且这种消亡或适应的选择都受到某种内在批判性意识的导引。这一批判性意识是一种既针对制度化话语又针对那些与人类行为直接相关的主导意识形态。Veblen（1961）指出，似乎没有迹象显示，当前内在批评推进或指导了任何运动、政党、利益集团或政权的行为，其原因在于批判理论家们关注错了方向。在 Veblen（1961）看来，批判理论家们应当在当前运行或发展着的生活形式框架下，于人们的行为与语言"游戏"中寻找内在批判性的指引方向，而不应该一味地、抽象地批评主导意识形态（Sementelli & Abel, 2000）。

（二）参与式研究：公共行政领域中的一种批判性尝试

从广义上来说，批判性理论必须与正视社会——既涵盖整个社会也包括局部范围地——并与社会不公正现象相抗衡的努力相联系。以这种方式所进行的探究显然是带有公众性与政治性的，意味着公开在现实环境中一种寻求变革的努力。因此，批判性研究者必须扮演"改革的知识分子"（transformative intellectual），成为旨在消除无知和冷漠的积极倡导者，争取解放和恢复自由（Guba & Lincoln, 1994, and Kincheloe & McLaren, 1994, both in Denzin & Lincoln, 1994）。在这个意义上，批判理论是"应当"且"必须"与实践紧密结合的。然而，在公共行政领域，人们却普遍认为，批判理论与实践是相互脱节的。——从现象上看，实际状况也确实如此。

Zanetti（1997）提出，理论与现实之间的鸿沟或许能够在这样的相互联系中，通过大家共同参与研究来得以弥合。她的基本观点是，应当通过在学术研究的正式知识与特定社区研究的通俗知识、个体经验、真情实感以及公共精神表现之间建立一种"民主张力"，从而进一步强化实践知识、"霸权警觉"和政治行动的有效统一。按照她的理论逻辑，当研究主体（共同体）决定了研究目标、研究方法和研究对象，并民主地调整研究进程以确保对其直接相关的知识能得以实现的时候，理论与实践的鸿沟就会在一定程度上得以弥合了。如此，所用的方法论便会通过合作与对话的自然发展过程得以提炼、汇聚，从而形成更具指导性的方法论原则。在现实生活中，人们也期待这样的合作和对话能够在促进社会团结方面，不断增进和激发社会成员的自尊感和自我效能感（Hall，1993）。于是，自我认同、自我肯定和自我决断的社会认同感就会经由理论与实践的交汇而得以出现。

于是，为了使批判理论与公共行政的实践重新联系起来，Zanetti（1997）提出要为公共行政领域引入参与式研究（participatory research）方法。在关于批判理论与实践鸿沟的讨论中，参与式研究（participatory research）作为一种积极、持续的方法格外引人注意。作为批判理论中强调概念的操作性的一种尝试，它提出了旨在更为紧密地联系实践的构想。Zanetti（1997）认为，如果操作适当，参与式研究可以有效地避免在理论建设和学术实践中落入激进思想的脱离现实的陷阱。这种方法在批判传统中已获得了一些学者的关注，并糅合了话语理论所缺乏的教育性因素及政治行动主义的相关主张。参与式研究在社会学、法学和教育学等领域中已颇见成效，且具有明显的实践性。①

参与式研究始于第三世界的反殖民运动，它最初产生于 Paulo Freire 的大众教育实践，对教育与授权之间的关系进行了深刻的剖析与阐释，② 后来又受到 Antonio Gramsci 的政治激进主义的影响。过去几十年来，它在美国、澳大利亚和加拿大风靡一时。人们开始逐渐意识到，引致暴力、权力失衡和贫穷的社会政治统治模式不仅在欠发达或发展中国家存在着，在第一世界中也同样难以避免（Hall, 1993）。在早期的研究中，这种方法也被称为"解放式研究"（emancipatory research）（Lather, 1986）。

参与式研究与社会运动的进程关系密切。从最根本上来看，它关心那些处于边缘化的人群的权利，旨在创造一个更加公正的社会，在这个社会里，任何阶级或群体都有依法享有物质财富、社会政治权利等基本权益。这种研究与更传统的辩护术具有显著的区别——其最终目标不是建立一个父权式社会结构，而是创造一个自立、自强、自决和自足的社会（Hall, 1993）。

不过，Zanetti 所说的参与式研究（participatory research）与

---

① 关于本问题的讨论，可参见 Adams & White（1994），Bailey（1992），Box（1992），Hummel（1991）与 White（1986）等。在法律上，参与式研究相当于"批判式辩护"（Buchanan & Trubek, 1992; Trubek, 1991; White, 1987 - 1988）。社会学中的参与式研究的例子，可参见 Gaventa & Horton（1981）；教育学中的例子，可参见 Delgado-Gaitan（1993）和 Cancian（1993）。还可参见 Maguire（1987, 1993）在女权主义研究中对参与式方法的运用。

② 例如，可参见 Freire（1970）的解放论教育观点。关于参与式方法有参考价值的讨论请见 Hamnett, Porter, Singh, and Kumar（1984）以及 Hall（1993）。

Levin，Argyris，Schon，Whyt 等学者所沿用的参与式行动研究（participatory action research）有显著不同。参与式行动研究，或称行动研究，主要是在西方工业化国家首先发展起来的，这种参与式行动研究强调效率优先、行动任务完成的有效性以及不同行动者间社会共识的建构。行动研究假设，行动方案被多种团体所接受是可能的。在资源整合和权力分配合法化的情况下，这种假设在某种程度上来看是合理的。它的相应理念也是自由而非激进的。从历史上看，行动研究大多是在机构内部，尤其是私人机构内部进行的（Brown & Tandon，1983）。[①]

相反，参与式研究具有完全不同的使命。传统研究的出发点是关心权力的有无，更倾向于从冲突的角度观察世界。在参与式研究看来，绝大多数传统研究（包括行动研究）在本质上都是支持现状的。很多参与式研究者已经拒绝使用"参与式行动研究"这一术语（即使它被用来参与其他研究方法的调查与讨论），原因在于它被视为是对无权者的另一种殖民和占有。[②] 参与式研究借鉴了 Habermas 早期的学术研究成果和批判理论。但是其更具政治行动主义的主张则借鉴了 Gramsci 的成果，这是它与众不同的关键所在。Gramsci 对新马克思主义发展的独特贡献是，在法兰克福学派理论出现之前，他就摒弃了"经济基础—上层建筑"的二分法，认识到社会结构和经济元素是相互联系的，他用霸权和反霸权的概念来表达这种关系。霸权是在社会生活中，少数具有根本影响和控制能力的人要求多数成员

---

① 关于行动研究的其他总结性讨论，可参见 Denhardt，1993；Kemmis and McTaggart，1988 等文献。

② 关于行动研究与参与式研究的区别的讨论，请见 Brown and Tandon，1983；Reason，1994。

朝着一个共同的方向汇聚，而达成的一种"自发的"一致（Gramsci，1971，p. 12）。统治集团认识到，为了巩固其地位，它必须（局部地）体现被统治集团的一些期望、利益及思想。结果，多数人被统治集团愚弄，即相信他们的利益在社会结构中得到了体现，相应地，他们在政治上也一直处于被动地位。

Gramsci（1971）论述了霸权的几方面内容。第一，被统治集团会倾向于只表达自己最直接的利益。它们会因为这种短视行为而卷入互相争斗的旋涡之中（工会之间、熟练者与非熟练者之间、男女之间、白色人种与其他人种之间），所以他们不能团结起来朝着某一个共同目标努力。如果被统治集团能够打破地方主义的束缚，他们就能激发出自身的自我觉醒与身份认同，把斗争目标集中在整个阶级的共同利益上。为了实现社会变革，被统治集团必须通过"霸权觉悟"才能团结一致，建立反霸权（Gramsci，1971；Hunt，1993）。第二，反霸权努力建立并实施一种不仅挑战统治霸权而且超越霸权的话语权。从辩证角度看，这一过程的影响在于以前占统治地位的因素逐渐消亡或衰竭。反霸权认识到有必要建立一个新的知识和道德秩序。更理想的是，它还包括了权利这一新概念的演变，在这一概念中，权利与反权利不是互相驳斥的两个对立面。第三，在霸权之争的舞台上，相对抗的"权利—主张"之间的思想对抗会成为舞台的焦点。反霸权计划试图把话语明显推向普遍共享权利的境界（Hunter，1993）。

对以大学为主要学术阵地的研究者和教育者来说，尤其有吸引力的是 Gramsci 对知识分子的作用的论述（1971）。Gramsci 参与意大利工人运动的经历使他坚信有必要维持领导与群众的辩证关系。传统的马克思主义理论却几乎只关注工人阶级，对知识分子的用处的关注则微乎其微。Gramsci 把这一方法颠倒过来。他的"经济基础—上层建筑"相互关系的理论为其"知识分子生力军"的主张提供了思想理论动力。知识分子鲜活的经历，以及他们对政治、社会和经济结构是如何对其进行压迫的认识和理解，为其赢得变革社会的"地位之战"提供了有力的武器。新型知识分子的主要作用是瓦解维持传统统治秩序的知识分子集团，促进大众批判意识的觉醒（Gramsci，1971；McLellan，1979；Salamini，1981）。

参与式研究的视野最早跨越草根阶层研究（grass root），走入大学校园是在 20 世纪 70 年代。当时很多知识分子对抽象的理论已经不满，并开始寻求运用批判理论的思想武器来从事社会改革问题的研究。参与式研究的民主、包容和解放的本质使其能够在社会改革中发挥出独特的优势。（Comstock & Fox，1993）。参与式研究尤其强调知识生产中的政治性因素。其出发点是人们的鲜活经验，通常是被压迫者或无权力者的经验，这些基层受压迫者的经历在一定程度上促进了团体的知识和行为的生产与再生产。一些社区成人教育、合作式项目研究和底层群体政治行为都是其在团体知识或组织行为目标中的重要实践路径。

此外，它还试图引导那些团体中的个体逐渐意识到，为维护自己成员的利益，"统治机构"垄断了知识生产与知识运用的手段，从而赋予这些个体以新的权力。这是 Freire《觉悟启蒙》（*Conscientization*）（1970）的精髓：通过集体心理认同和自我反省获得新的自我意识。这也反映了 Gramsci 关于知识分子担当变革动力的观点。Zanetti（1997）指出，参与式研究的操作和分析过程从根本上说是具有民主性质的。因为参与式研究强调，学术研究者有责任尊重被研究群体的经历与体验，并且不对被研究群体施加外部的价值干预与预期性判断。通过研究中的对话，传统科学中"主观—客观"的关系让位于"主观—主观"的关系。在"主观—主观"的关系中，学术研究者已有的知识与被研究共同体的共同知识是互为辩证、相互吸引的关系，他们可以使共同体成员更全面、更深入地了解到自身所处的环境与地位，使其能够提出社会变革的有效建议和策略（Reason，1994）。参与式研究的一个重要价值在于，它重构了专业知识与经验知识之间的联系（Gaventa，1993）。

在一些特殊的情况下，公共行政的实践者可能会通过解构一些社会矛盾、设想社会变革的可能性，来协助人们寻找实现自主、民主的有效路径和手段。他们往往会发现，这将有助于推动现代化社会变革的历史进程。公共行政的实践者往往通过探索历史的实践知识、现实的替代性选择，关注现行合法制度的限制，揭示当前社会的经济、政治和公共利益与现实社会发展境况之间的矛盾关系，从而在某种程度上助力社会变革的发展。除了提供历史的实践知识，公共行政的实践者还让公众积极参与社会管理决策过程，他们主要通过以下形式：组织和推动民主会议，把公民和专业人士、政治决议的制定者组织在一起，并对事情的过程和本质提出建议与意见。这一参与过程的实践是困难、复杂甚至冒险的，因为公众成员可能以不同的方式对其加以回应，而且一些有权力的人也可能会认为，公众拥有民主知识并参与相关政策的制定将对他们的利益构成威胁，他们可能会垄断参与政策制定的过程，并惩罚那些社会管理决策过程中的参与者与革命者。因此，表面上倡导民主、参与和达成一致的公共舆论过程，很可能实际上是受压制社会经济利益的特权阶层代表的影响（Mansbridge，2003）。

在 Zanetti（1997）看来，将参与式研究运用到公共行政的批判理论中去，有三方面的好处。第一，它可以让学术研究者、计划者和管理者一道成为社会变革的新生力量，他们将与民众共同努力，去了解和揭示若干政治环境中普遍存在的压迫、排斥和不平等之间的关系。第二，通过参与式研究过程所获得的经验借鉴与实践路径思考可以有效避免对公共行政问题所采取的工具理性式、技术统治式、专家权威式等父权型或监护型管理模式的负面影响。这种将参与式研究运用到公共行政批判理论的方法，可以在实证主义主流实践研究之外，提供更多可供替代的选择方案，从而使批判理论重新成为真正具有实践指导意义的方法论原则。第三，参与式研究为话语理论提供了全新的视角——引入了教育性和政治性行为因素的考量，而这些因素正是引致社会变迁所必需的变革性要素。Fox & Miller（1995）也认为，参与式研究为缩小公共行政理论与实践的鸿沟提供了方法论意义上的指导。他强调，参与式研究是以学术研究者、共同体成员以及国家公务员等为参与主体，通过互助、合作的方式而构建的一种社会资源、科技资源和知识资源社会化的共享整合机制，从而发展出一种相互影响、互为补充的理论与实践模式相结合的新模式。而且更为重要的是，作为一种批判性的理论与行动探索，参与式研究所推行的管理实践模式为挑战传统统治理论和话语体系提供了更为有力的思想武器。

（三）参与式研究对"批判辩护"的借鉴

Box（1995）也认为，鉴于参与式研究已经在其他以实践为导向的学科领域，如社会学、法学、教育学等学科中取得了丰硕的研究成果，因此那些在公共行政中讨论批判性议题有效性的研究者，应该认真考虑如何在公共行政理论探索中合理运用参与式研究的方法。Denhardt（1993）和 Forester（1993）曾经强调，公共行政人员或公共计划者能够成为一种变革的力量。Box（1995）在他讨论的批判理论和"话语矛盾论"（paradox of discourse）中也赞同这一观点。Box 根据公民意识及政府的重视程度，在论文中阐述了社会共同体的五种分类。他认为，至少有两种社会共同体已经具备了开展批判性的公共行政研究所必需的话语结构。一是具有强烈的成长意识。在公共行政体系中，拥有少数相对稳定的行政精英以及大多数相对缺乏民主知识的社会民众共同体。二是具有明确的发展规划。在公共行政实践过程中，民众逐渐发展成政治目标明确，并得以快速崛起的反对联盟共同体。在这些共同体里，计划者或行政人员能够与公众进行有意义的对话与沟通，可以扮演解释者或协调者，帮助公众来谋划理想中的政治蓝图，并通过放弃合法化权威的方式来赢得额外的合法性权力（Box，1995）。此外，Box 还描述了一种他认为更常见、更普遍的"看管者"（caretaker）共同体。这种共同体对其自身成长和发展的关注度较低，其相应的统治结构也几乎很少倡导公众的社会参与。这些拥有巨额财富和大片土地的"看管者"共同体，通常会对当地政府发展社会福利制度的公共决策行为施加干扰，对民众的社会福利问题的重视程度也相对薄弱，冷漠及无知是其共同体的典型特征。Box 认为，在这样的共同体中，民众缺乏及时反映社会问题的有效沟通渠道，除了围绕管理的技术性问题，普通民众几乎不存在话语空间（1995，pp. 9 - 10）。

然而，在更早的参与式研究的倡导者（如 Lukes，1974；

Gaventa，1980；Gaventa & Horton，1981）看来，Box 所描述的这种"看管者"共同体却恰恰可能成为参与式研究方法的重点关注对象。由于极少数政治精英为这些民众共同体规划了参政议政活动的具体进程，且在某种程度上划定了政府应着重关注的问题范围。因而，民众于这些"看管者"共同体面前毫无权利而言。可见，围绕这样的参与者共同体所展开的参与式研究，可以让民众充分表达之前未被认可的诉求和期待，并赋予他们充分的政治权利，进而明确变革问题，研究社会变革的具体策略，这种参与式研究不是将共同体利益局限于当地经济和政治寡头的传统政治壁垒中，而是思考如何把行动计划付诸实践过程，从而创造社会变革的新路径。Lukes（1974）、Gaventa（1980）等认为，通过参与式研究，可以唤醒沉睡无知的民众的政治觉悟，使他们重新获得权力的加持，无论他们是否会得到权势寡头的同意。——这样的观点在很大程度上带有典型的民主政治色彩与批判精神，但是其对于职业行政人员角色的认识却有些过于笼统，并且难以在现实中起到行动指南的引领作用。实际上，不论是哪一种共同体，都无法绕过人们对职业行政人员或公务员的角色的认知。因为缺乏行政人员和公务员参与的公共行政是难以想象的。如果缺乏行政人员和公务员的参与，旨在弥合理论/实践鸿沟的"参与式研究"就将无从谈起。

那么，在上述情境下，职业行政人员或公务员的角色应当是怎样的呢？在现代社会，公务员当然是由公众提名，并通过法律途径而得以任命的。因此，他们在适度的范围内奉命行使自身的行政职权，并且通常不会引起大众反对或激起大众采取革命性的行动。但是，一个深受批判式理论影响且富有同情心的公共行政人员，可以在参与式研究过程中起到至关重要的作用。他们可以为公众提供引起社会变革所必需的沟通渠道，同时在适度范围内担任公众解释者和协调者（Box，1995）。

另一方面，他也可能成为批判性观念与行动建构所必需的变革性力量，他将在必要的时候教导民众如何表达心声，提出合理诉求，并实施共同体精心设计的变革方案，这些公共行政人员在参与式研究过程中发挥着极其重要的教育作用（Zanetti，1997）。就此而言，公共行政可以借鉴"批判辩护"（critical lawyering）中的最新发展成果。"批判辩护"是把参与式方法运用于对法律进行批判性解释的尝试中（Zanetti，1997）。有人曾经批评批判性法律研究（CLS）对法律谈得多，做得少，没有为传统公益法律提供足够的解释空间。传统公益法律只忠实于既有的政策目标导向（如反贫困），坚持依靠程序性策略为社会边缘人群谋求利益，忠实于传统领域中辩护的有效性。[①] 公益法律最初被视为纠正法律市场机制缺陷与不足之处的良方，维护社会福利制度的有效途径，以及为被忽略群体提供表达心声的机会。公益法律所强调的重点在于对社会不平等的现象及过程进行加以正确的干预和引导。[②] 这一主张假设，传统的法律场所尤其是法院有可能会带来社会变革。原因在于这些传统的法律机构将会赋予社会边缘群体以实现其物质诉求的权利。（Buchanan & Trubek，1992）。到了20世纪60年代和20世纪70年代，一些影响性诉讼（impact litigation）成为社会福利制度改革的有力工具。

这些影响性诉讼所强调的重点在于改革制度性规范或社会政策，而不仅仅强调对个人或家庭问题的关注。诉讼一般由中

[①] 如导致 Brown v. Board of Education 一案胜诉的诉讼策略。
[②] 正如1970年 Goldberg v. Kelly 一案中的情形。

央领导机构（通常是联邦资助的公共利益法律事务所）的专门人员所管理。在这些案件中，作为原告的个人和律师几乎没有接触，一般也不涉入案件的受理过程。当法院接受当值最高法官的请求时，影响性诉讼的裁决结果可能会在某种程度上加快社会财富转移支付或促进法律机构的阶段性改革。但是，由于20世纪80年代的资助大幅减少，这种风行一时的诉讼难以为继（White，1987-1988）。人们越来越认识到传统公共行政制度性规范中父权型或依赖型管理模式的弊端。

公益法律的支持者们逐渐意识到，有必要进一步创新维护社会公正性秩序的方法，而批判辩护的方法论原则正是他们实现这一预期目标的重要实践方式。变革的倡导者提出，法律可以成为强化被统治集团政治意识的工具（L. White，1987-1988，n.22）。换句话说，法律过程不仅可以在自由框架下的游戏规则中起作用，还可以并应当产生反霸权的变革（Zanetti，1997）。从批判辩护的角度来看，批判法律理论旨在洞察委托人被剥夺权力的不合理现象，并以实现社会成员的真正平等为目的而开展的一种法律政治化过程。但是，批判辩护也包括"参与—教育"式方法，组织委托人群明确问题，学习如何运用自身所处系统的社会资本推动变革，从而在未来实现人的全面发展。更为重要的是，它也帮助人们消解了法律领域里不公正、不公平的权力关系，将专家的知识与平民的知识结合起来。这是一种赋予社会边缘人群为维护其自身合法权利而进行辩护的有效手段。（Buchanan & Trubek，1992；Tremblay，1990；L. White，1987-1988）。

批判辩护的方法尤其适用于公共行政学领域的发展主要基于以下几方面的原因。一是法律和公共行政都面临着相似的理论与实践的二元分立的问题。两个领域都必须协调好学术理论和实践探索发展间的割裂关系。二是法律和公共行政都是服务于国家行政体系建设的重要学科力量。律师和公务员都要宣誓维护宪法的尊严，两个职业都在20世纪的不同时间节点，表达出了改革的政治期待与身份诉求。最后也是最重要的一点是，两个领域的批判理论的起源都很相似，两者都摒弃了一度盛行的哲学自由主义和工具主义方法的考量，通过对法律过程产生的反霸权变革之成功经验的反思，可以为公共行政学学科的发展提供更可靠的理论基础与现实依据。

总结与展望

从公共行政学理论的历史发展脉络来看，威尔逊和古德诺的政治与行政二分思想、韦伯的科层制组织思想、泰勒的科学管理思想等构成了公共行政学领域最初的知识结构体系。自20世纪70年代末至80年代，一些公共行政学者提出将批判理论引入公共行政研究，试图在公共行政思想发展中探索出一条从技术旨趣到实践旨趣再到解放旨趣的发展路径。从批判理论的目标价值来看，批判理论主要关注于对讲究官僚式的效率的现代性、技术理性、组织动力服从，以及对公共行政体系"邪恶合法化"现象的反思。在理性技术与理性原则的影响下，行政学领域秉持科层制的效率优先的价值观，主张通过生产效率的提高、管理技术的进步以及生产规模的扩大来促进社会问题与潜在矛盾的解决。因此，与强调"物化的意识形态"的技术旨趣和理性原则不同，批判理论希冀通过一种自由的、普遍的、批判的和自我解放的意识形态，建构起一种包容、开放、民主的公共情境。

本书在综合对比实证研究、诠释研究和批判研究三种研究范式的学科地位与方法特质的基础上，探索批判理论之于公共行政学领域的方法论意义与时代价值。一般而言，在批判研究的视角下，行政组织更强调个人的自主意识与责任感，更关注于个人的自由成长而非生产过程的效率或生产技术的提升。本研究在对公共行政学中的批判理论著作及其相关成果进行回溯的基础上，进一步明确了批判理论与主流公共行政研究间的关系，并围绕着如何在公共行政学领域中践行和发展批判理论进行了系统的阐释，形成了较为清晰的组织框架。本书认为：

一是在公共行政学领域的知识与理论发展层面，应适当引入"历史分析"的批判性意识和研究方法对公共行政学知识进行考察。在西方社会中，现代性文化是以技术理性为基础的，它更强调一种科学分析与科技创新的有效融合。正是在这种"现代性"的背景下，传统公共行政自觉的效率观及其制度安排带来了生活世界各个领域的分化，以及经济、政治和军事实践等方面的科层化变迁。这种官僚机构的"铁板式"制度安排及其对技术理性的专制，使得"现代性"组织不得不遵循一种效率偏好的价值标准。"现代性"价值命题意味着一种"非时间性的""物化的意识形态"，这使得官僚机构及其领导者忽视了人们对其所处社会的历史文化制度的时间记忆。正因如此，公共行政学需要更具批判性的历史分析方法来"重写"现在、重构对历史的理解与反思，即在把握社会历史文化背景的基础上，关注普通人的"日常生活"和历史痕迹，为公共行政学构建一种"可用的过去"，也为公众创设一种更为民主、自由、开放的公共情境。

二是在公共行政学领域的国家治理与公共事务决策层面，应当关注主流公共行政管理"交往模式"与"自我反省"等相关的批判性交往模式选择。一般而言，公共行政学领域的批判研究历经了"技术旨趣—实践旨趣—解放旨趣"的发展路径。

在批判理论家们看来，技术理性以及由技术理性而衍生的技术规则，是影响社会民主统治的根源与实现自由解放的首要障碍。因为"现代性"科技世界所带来的技术理性及其与之相连的目的理性行为大多追求效率至上的价值规范。在公共行政管理体系的权力规则中，管理者与服务对象只不过是为达致公共行政管理效能及可预测结果的一种可操作性因素。

这种意图只关注客观的外在世界，是一种一味地强调实证分析科学和追求控制的技术理性取向，抹杀个性的、僵化的管理思维模式。因此，批判理论家们认为，与传统公共行政自觉的技术理性及技术规则有所不同，批判理论重视权力和依赖的关系，关注个人和社会反省之间的本质联系。公共行政研究者应当超越科学与组织向社会成员所强加的一种理性与控制的价值，进而寻求"交往模式"与"自我反省"等相关的替代性方式；以"代表地位同等"和"广泛参与"的自治模式，来取代"代表优先"和"行政效率"的控制决策；以"反行政"与"私人生活"来取代"公共行政"与"公共生活"，把对公共行为的决断权从管理者转移到公众，充分发挥公民参与社会治理的基础性作用。

三是在公共行政学领域的批判理论与实践结合的层面，应当通过"进化的批判理论""参与式研究"等实践方式，来消弭公共行政领域理论与实践间的分割状态。在公共行政现代化改革中，应赋予民众充分的政治权利，以及表达自身合理诉求和期待的机会，从而创造公众参与社会治理与变革的新途径。在此，本书对批判理论价值体系进行了全面考察，并对其理论的缺陷及不足进行了分析。

第一，从批判理论的前提假设来看，批判理论否认人类历史及其制度（物质的或先验的）中存在任何形式的决定论，认为制度都是被社会地建构起来的，"社会的"世界中人类历史及其制度具有其内在本质规律；第二，从批判理论的内容目标来看，批判理论旨在通过废止社会压迫和社会不公正制度，来建构体现人性全面发展的自治、促进个人的平等与自由，并将理论转化为活生生的经验，促进理论与实践的融合性发展；第三，从批判理论的缺陷及不足来看，批判理论往往过于强调其理论内容分析，在公共行政领域理论与实践契合性研究还有待于学界的深入探索；第四，在批判理论的实践探索与路径尝试上，西方公共行政学提出"进化的批判理论"和"参与式研究"的创新尝试，来解决公共行政管理的理论定位与价值选择问题。

　　批判研究是公共行政学理论研究的重要领域。基于上述研究，笔者认为，批判研究在公共行政学领域中内容与结构体系，包括了"批判性研究范式"、"批判性历史意识形态"、"批判性反思的制度回应"与"批判性实践路径"等几方面的内容。这些理论内容之间具有一定的逻辑关联。可以说，"批判性研究范式"与"批判性历史意识形态"是"批判性反思的制度回应"的方法论基础；"批判性实践路径"是"批判性制度回应"的继承与发展。这些理论内容逐步建构起笔者所推展的公共行政学领域中批判研究的基本逻辑框架，即通过"批判历史分析""交往模式""自我反省""参与式研究"等概念建构起公共行政学批判性重构的分析路径。作为对解释性及诠释性研究之外的重要补充形式，批判性研究应将批判理论与实践行动的探索置于更广泛的社会过程之中，从现实的国家与社会生活中的公共行政事实出发，建构多元融通的知识发展道路。在未来，笔者将持续深度挖掘公共行政学中批判理论研究的时代价值与实践路径，在系统了解和借鉴国外公共行政学领域发展经验的基础上，对批判理论内部的流派和主张作出更为详尽的考察，以期不断促进中国公共行政学批判理论的发展，推动中国未来的治道变革。

参考文献

一 中文文献

(一) 中文专著

黄瑞祺:《批判社会学》,台北:三民书局2001年版。

马骏、叶娟丽:《西方公共行政学理论前沿》,中国社会科学出版社2004年版。

彭和平、竹立家等编译:《国外公共行政理论精选》,中共中央党校出版社1997年版。

颜良恭:《公共行政中的典范问题》,台北:五南图书出版公司1999年版。

(二) 中文译著

[美] 艾赅博、百里枫:《揭开行政之恶》,白锐译,中央编译出版社2009年版。

[英] 纪登斯:《批判的社会学导论》,廖仁义译,台北:唐山出版公司1992年版。

[美] 杰伊·D·怀特、盖·B·亚当斯:《公共行政研究——对理论与实践的反思》,刘亚平、高洁译,清华大学出版社2005年版。

[美] 理查德·C·博克斯:《公民治理:引领21世纪的美国社

区》,孙柏瑛等译,中国人民大学出版社2013年版。

[美]理查德·C.博克斯:《公共行政中的批判社会理论》,戴黍译,中央编译出版社2015年版。

[美]罗伯特·丹哈特:《公共组织理论》,项龙、刘俊生译,华夏出版社2002年版。

[美]O.C.麦克斯怀特:《公共行政的合法性——一种话语分析》(中文修订版),吴琼译,中国人民大学出版社2016年版。

[美]斯蒂福斯:《公共行政中的性别形象——合法性与行政国家》,熊美娟译,中央编译出版社2010年版。

[英]维特根斯坦:《哲学研究》,汤潮、范光棣译,生活·读书·新知三联书店1992年版。

[美]沃尔特·李普曼:《舆论》,常江、肖寒译,北京大学出版社2018年版。

[美]沃尔特·李普曼:《幻影公众》,林牧茵译,北京联合出版公司2020年版。

(三)中文期刊

叶林、王兆丁、彭显耿:《面向公共行政事实本身:批判继承、回归现象与逻辑准备》,《江苏行政学院学报》2019年第6期。

二 外文文献

Adams, G. B., "Enthralled with Modernity: The Historical Context of Knowledge and Theory Development in Public Administration", *Public Administration Review*, Vol. 52, 1992.

Adams, G. B. and Balfour, D., *Unmasking Administrative Evil*, Thousand Oak: Sage Publication, Inc., 1998.

Adams, G. B. and Balfour, D., "The Authors' Response", *Public Administration Review*, Vol. 60, No. 5, 2000.

Adams, G. B. and White, J. D., "Dissertation Research in Public Administration and Cognate Fields: An Assessment of Methods and Quality", *Public Administration Review*, Vol. 54, No. 6, 1994.

Adams, G. B. et al., "Joining Purpose to Practice: A Democratic Identity for the Public Service", In H. D. Kass and B. L. Catron eds., *Images and Identities in Public Administration*, Newbury Park, CA: Sage Publications, 1990.

Addams, J., *Twenty Years at Hull House*, New York: Penguin/Signer, 1981.

Agger, B., *The Discourse of Domination: From the Frankfurt School to Postmodernism*, Evanston, IL: Northwestern University Press, 1992.

Apel, K. O., "Types of Social Science in the Light of Human Interests and Knowledge", *Social Research*, No. 44, 1977.

Argyris, C. and Schon, D. A., *Organizational Learning: A Theory of Action Perspective*, Reading, Mass: Addison-Wesley Publishing Company, 1978.

Aron, C. S., *Ladies and Gentlemen of the Civil Service: Middle Class Workers in Victorian America*, New York: Oxford University Press, 1987.

Aronson, S. H., *Status and Kinship in the Highest Civil Service*, Cambridge, MA: Hardvard University Press, 1964.

Bailey, M. T., "Do Physicists Use Case Studies? Thoughts on Public Administration Research", *Public Administration Review*, Vol. 52,

No. 1, 1992.

Baker, P., "The Domestication of Politics: Women and American Political Society, 1780 – 1920", in L. Gordon, ed., *Women, the State, and Welfare*, Madison, WI: University of Wisconsin Press, 1990.

Bang, H. P. et al., "The State and the Citizen: Communitarianism in the United States and Denmark", *Administrative Theory and Praxis*, No. 22, 2000.

Barber, B., *Strong democracy: Participatory Politics for a New Age*, Berkeley: University of California Press, 1984.

Barrett, W., *The Illusion of the Technique*, Garden City, NY: Anchor Doubleday, 1979.

Beard, M. R., "The Legislative Influence of Unenfranchised Women", *Annals of the American Academy of Political and Social Science*, Vol. 56, 1914.

Bendix, R., *Work and Authority in Industry*, New York: Harper and Row, 1956.

Bennett, W. L., "The Uncivic Culture: Communication, Identity, and the Rise of Lifestyle Politics", *Political Science and Politics*, No. 31, 1998.

Berkhofer, R. F., *Beyond the Great Story: History as Text and Discourse*, Cambridge, MA: Harvard University Press, 1995.

Bernstein, R. J., *The Restructure of Social and Political Theory*, Philadelphia: University of Pennsylvania Press, 1978.

Berry, J. M. et al., *The Rebirth of Urban Democracy*, Washington, DC: Brookings Institution, 1993.

Best, S. and Kellner, D., *The Postmodern Turn*, New York: Guilford Press, 1997.

Bohman, J., "Critical Theory as Metaphilosophy", *Metaphilosophy*, No. 21, 1990.

Bohman, J., "Public Reason and Cultural Pluralism: Political Liberalism and the Problem of Moral Conflict", *Political Theory*, Vol. 23, No. 2, 1995.

Box, R. C., "An Examination of the Debate Over Research in Public Administration", *Public Administration Review*, Vol. 52, No. 1, 1992.

Box, R. C., *Citizen Governance: Leading American Communities into the 21st Century*, Thousand Oaks, CA: Sage Publications, 1998.

Box, R. C. and King, C. S., "The 'T' Ruth is Elsewhere: Critical History", *Administrative Theory and Praxis*, Vol. 22, No. 4, 2000.

Box, R. C., "Private Lives and Anti-administration", *Administrative Theory and Praxis*, Vol. 23, No. 4, 2001.

Box, R. C., "Alternatives to Representative Primacy and Administrative Efficiency", *Administrative Theory and Praxis*, Vol. 26, No. 4, 2004.

Box, R. C., *Critical Social Theory in Public Administration*, Armonk, NY: M. E. Sharpe, 2005.

Brown, L. D. and Tandon, R., "Ideology and Political Economy in Inquiry: Action Research and Participatory Research", *Journal of Applies Behavioral Science*, Vol. 19, No. 3, 1983.

Buchanan, R. and Trubek, L. G. , "Resistances and Possibilities: A Critical and Practical Look at Public Interest Lawyering", *Review of Law and Social Change*, No. 19, 1992.

Burrell, G. and Gareth Morgan, *Sociological Paradigms and Organizational Analysis*, London: Heineman Educational Books, 1979.

Caldwell, L. K. , "Novus Ordo Seclorum: The Heritage of American Public Administration", *Public Administration Review*, No. 36, 1976.

Campbell, J. , *Understanding John Dewey: Nature and Cooperative Intelligence*, Chicago: Open Court, 1995.

Cancian, F. M. , "Conflicts Between Activist Researcher and Academic Success: Participatory Research and Alternative Strategies", *American Sociologist*, No. 1, 1993.

Chandler, R. C. ed. , *A Centennial History of the American Administrative State*, New York: Free Press, 1987.

Comstock, D. E. and Fox, R. , "Participatory Research as Critical Theory: The North Bonneville, USA Experience", in Park et al. ed. , *Voices of Change*, Toronto: OISE, 1993.

Cott, N. F. , *The Bonds of Womanhood: "Women's Sphere" in New England*, 1780 – 1830, New Haven, CT: Yale University Press, 1977.

Crozier, M. , "The Frankfurt School", in P. Beilharz ed. , *Social Theory*, North Sydney, Australia: Allen and Unwin, 1991.

Dahlberg, J. S. , *The New York Bureau of Municipal Research: Pioneer in Government Administration*, New York: New York University Press, 1966.

Daneke, G. A., "A science of Public Administration?", *Public Administration Review*, Vol. 50, 1990.

Deardorff, N. R., "Women in Municipal Activities", *Annals of the American Academy of Political and Social Science*, Vol. 56, 1914.

Delgado-Gaitan, C., "Researching Change and Changing the Researcher", *Harvard Educational Review*, Vol. 63, No. 4, 1993.

Denhardt, R. B., "Individual Responsibility in an Age of Organization", *Midwest Review of Public Administration*, Vol. 11, No. 4, 1977.

Denhardt, R. B., "Toward a Critical Theory of Public Organization", *Public Administration Review*, Vol. 41, No. 6, 1981.

Denhardt, R. B., *In the shadow of Organization*, Lawrence, KS: Regents Press of Kansas, 1981.

Denhardt, R. B., *Theories of Public Organization*, Belmont, CA: Broods/Cole, 1984.

Denhardt, R. B., "Images of Death and Slavery in Organizational Life", *Journal of Management*, Vol. 13, No. 3, 1987.

Denhardt, R. B., *Theories of Public Management* (2nd ed.), Belmont, CA: Wadsworth, 1993.

Denhardt, R. B. andDenhardt, K. G., "Public Administration and the Critique of Domination", *Administration and Society*, Vol. 11, No. 1, 1979.

Denhardt, R. B. andWhite, J. D., "Beyond Explanation: A Methodological Note", *Administration and Society*, No. 14, 1982.

Dennard, L., "The Democratic Potential in the Transition of Postmodernism", *American Behavioral Scientist*, No. 41, 1997.

Denzin, N. and Lincoln, Y. S. eds., *Handbook of Qualitative Research*, Thousand Oaks, CA: Sage, 1994.

Dewey, J., *The Public and Its Problems*, Athens, OH: Swallow Press, 1954.

Dubnick, M., "Demons, Spirits, and Elephants: Reflection on the Failure of Public Administration Theory", paper delivered to 1999 *American Political Science Association*, Atlanta, GA, Sept1 – 4, 1999.

Dunn, W. N., *An Introduction to Public Analysis*, Englewood Cliffs, NJ: Prentice-Hall, 1981.

Ebert, T. L., *Ludic Feminism and After: Postmodernism, Desire, and Labor in Late Capitalism*, Ann Arbor: The University of Michigan Press, 1996.

Elshtain, J. B., *Public Man, Private Woman: Women in Social and Political Thought*, Princeton, NJ: Princeton University Press, 1981.

Farmer, D. J., *The Language of Public Administration: Bureaucracy, Modernity, and Postmodernity*, Tuscaloosa: The University of Alabama Press, 1995.

Faulconer, J. E. and Williams, R. N., "Temporality in Human Action: An Alternative to Positivism and Historicism", *American Psychologist*, No. 40, 1985.

Fay, B., *Social Theory and Political Practice*, Boston: Allen and Unwin, 1976.

Fay, B., "How People Change Themselves", in Terence Ball ed., *Political Theory and Praxis*, Minneapolis: University of Minnesota Press, 1977.

Felts, A. A. , "Organizational Communication: A Critical Perspective", *Administration and Society*, Vol. 23, No. 4, 1992.

Feyerabend, P. , *Against Method: Outline of an Anarchistic Theory of Knowledge*, London: NLB, 1975.

Fishkin, J. S. , *The Voice of the People: Public Opinion and Democracy*, New Haven, C. T: Yale University Press, 1995.

Flanagen, M. A. , "Gender and Urban Political Reform: The City Club and the Woman's City Club of Chicago in the Progressive Era", *American Historical Review*, Vol. 95, 1990.

Follett, M. P. , *The New State: Group Organization the Solution of Popular Government*, New York: Longmans, Green and Co, 1918.

Forester, J. , "Questioning and Organizing Attention: Toward a Critical Theory of Planning and Administrative Practice", *Administration and Society*, Vol. 13, No. 2, 1981.

Forester, J. ed. , *Critical Theory and Public Life*, Cambridge, MA: MIT Press, 1985

Forester, J. , *Planning in the Face of Power*, Berkeley: University of California Press, 1989.

Forester, J. , *Critical theory, Public Policy, and Planning Practice: Toward a Critical Pragmatism*, Albany: State University of New York Press, 1993.

Fox, C. J. and Miller, H. T. , *Postmodern Public Administration: Toward Discourse*, Thousand Oaks, CA: Sage Publications, 1995.

Frankel, N. and Dye, N. S. eds. , *Gender, Class, Race, and Reform in the Progressive Era*, Lexington, KY: University of Kentucky Press, 1991.

Freire, P., *Pedagogy of the Oppressed*, New York: Herder and Herder, 1970.

Friedrich, C. ed., *The Philosophy of Hegel*, New York: Modern Library, 1954.

Fung, A. and Wright, E. O., *Deepening Democracy: Institutional Innovations in Empowered Participatory Governance*, London: Verso, 2003.

Gaus, J. M., *A Survey of Research in Public Administration*, New York: Social Science Research Council, 1930.

Gaventa, J., *Power and Powerlessness: Quiescence and Rebellion in an Appalachian Valley*, Chicago: University of Illinois Press, 1980.

Gaventa, J. and Horton, B., "A Citizens Research Project in Appalachia", *Convergence*, Vol. 14, No. 3, 1981.

Gaventa, J., "The Powerful, the Powerless, and the Experts: Knowledge Struggles in an Information age", in Park et al eds., *Voices of change*, Toronto: OISE, 1993.

Geuss, R., *The Idea of a Critical Theory: Habermas and the Frankfurt School*, Cambridge: Cambridge University Press, 1981.

Gill, N. N., *Municipal Research Bureaus*, Washington, DC: American Council on Pubic Affairs, 1944.

Ginzberg, L. D., *Women and the Work of Benevolence: Morality, Politics, and Class in the 19th Century United States*, New Haven, CT: Yale University Press, 1990.

Golembiewski, R. T., *Public Administration as a Developing Discipline*, New York: Marcel Dekker, 1977.

Graebner, W., *The Engineering of Consent: Democracy and Authority in Twentieth Century America*, Madison: University of Wisconsin Press, 1987.

Gramsci, A., *Selections From the Prison Notebooks*, trans. Q. Hoare and G. Nowell-Smith, London: Lawrence and Wishart, 1971.

Guba, E. G. and Lincoln, Y. S., "Competing Paradigms in Qualitative Research", in N. Denzin and Y. S. Lincoln eds., *Handbook of Qualitative Research*, Thousand Oaks, CA: Sage, 1994.

Guerreiro-Ramos, A., *The New Science of Organization*, Toronto: University of Toronto Press, 1981.

Haber, S., *Efficiency and Uplift: Scientific Management in the Progressive Era*, 1890–1920, Chicago: University of Chicago Press, 1964.

Habermas, J., *Toward a Rational Society: Student Protest, Science and Politics*, Boston: Beacon Press, 1970.

Habermas, J., *Knowledge and Human Interests*, trans. J. J. Shapiro, Boston: Beacon, 1971.

Habermas, J., *The Theory of Communicative Action, Vol 1: Reason and the Rationalization of Society*, Boston: Beacon Press, 1981.

Habermas, J., *The Theory of Communicative Action, Vol 2: Lifeworld and System: A Critique of Functional Reason*, Boston: Beacon, 1987.

Hall, B., "Introduction", in P. Park et al. eds., *Voices of Change*, Toronto: OISE, 1993.

Hamnett, M. P. et al., *Ethics, Politics, and International Social Science Research: From Critique to Praxis*, Honolulu: University of Hawaii Press, 1984.

Harmon, M. M. and Mayer, R. T. , *Organizational Theory for Public Administration*, Boston: Little, Brown and Company, 1986.

Held, D. , *Introduction to Critical Theory: Horkheimer to Habermas*, Berkeley: University of California, 1980.

Henry, N. , "Root and Branch: Public Administrations Travail Toward the Future", in N. Lynn and A Wildavsky eds. , *Public Administration: State of the Discipline*, Chatham, NJ: Chatham House, 1990.

Hirsch, E. D. , *Validity and Interpretation*, New Haven, CT: Yale University Press, 1967.

Hirsch, E. D. , *The Aims of Interpretation*, Chicago: University of Chicago, 1976.

Hofstadter, R. , *Anti-Intellectualism in American Life*, New York: Alfred A. Knopf, 1963.

Hoogenboon, A. A. , *Outlawing the Spoils: A History of the Civil Service Reform Movement*, Urbana: University of Illinois Press, 1961.

Horkheimer, M. , *The Eclipse of Reason*, New York: Oxford University Press, 1947.

Horkheimer, M. , "Tradition and Critical Theory", in *Critical Theory: Selected Essays*, trans. Matthew J. O'Connell et al. , New York: The Seabury Press, 1972.

Houston, D. and Delevan, S. , "Public Administration Research: An Assessment of Journal Publications", *Public Administration Review*, No. 50, 1990.

Hummel, R. P. , "Stories Managers Tell: Why They are as Valid as Science", *Public Administration Review*, Vol. 51, No. 1, 1991.

Hunt, A. ed. , *Explorations in Law and Society*, New York: Routledge, 1993.

Irvin, RA. and Stansbury, J. , " Citizen Participation in Decision Making: Is it Worth the Effort?", *Public Administration Review*, No. 64, 2004.

Jacques, R. , *Manufacturing the Employee: Management Knowledge From the 19th to 21st Centuries*, Thousand Oaks, CA: Sage Publications, 1996.

Jay, M. , *The Dialectical Imagination*, Boston: Little, Brown, 1973.

Johnson, D. B. , *Public Choice: An Introduction to the New Political Economy*, Mountain View, CA: Mayfield Publishing, 1991.

Karl, B. D. , "Public Administration and American History: A Century of Professionalism", *Public Administration Review*, No. 36, 1976.

Keller, E. F. , *Reflections on Gender and Science*, New Haven, CT: Yale University Press, 1985.

Kemmis, S. and McTaggart, R. eds. , *The Action Research Reader* (3rd ed.), Victoria, Australia: Deakin University Press, 1988.

Kerber, L. K. , *Women of the Republic: Intellect and Ideology in Revolutionary America*, New York: Norton, 1980.

Kessler-Harris, A. , *Out to Work: A History of Wage-Earning Women in the United States*, New York: Oxford University Press, 1982.

Kincheloe, J. L. and McLaren, P. L. , "Rethinking Critical Theory and Qualitative Research", in N. Denzin and Y. S. Lincoln eds. ,

Handbook of Qualitative Research, Thousand Oaks, CA: Sage, 1994.

King, C., "Healing the Scholarship/Practice Wounds", *Administrative Theory and Praxis*, No. 20, 1998.

King, C. S. et al., "The Question of Participation: Toward Authentic Public Participation in Public Administration", *Public Administration Review*, No. 58, 1998.

King, C. S. and Stivers, C., *Government is US: Public Administration in an Anti-government Era*, Thousand Oaks, CA: Sage Publications, 1998.

Kuhn T. S., *The Structure of Scientific Revolutions* (2nd ed), Chicago: University of Chicago Press, 1970.

Lather, P., "Research as Praxis", *Harvard Educational Review*, Vol. 56, No. 3, 1986.

Lippmann, W., *Public Opinion*, New York: Free Press Paperbacks, 1997.

Lippmann, W., *The Phantom Public*, New Brunswick, NJ: Transaction Publishers, 2002.

Locke, H., "Unmasking Administrative Evil: The Book and Its Critics:, *Public Administration Review*, Vol. 60, No. 5, 2000.

Logan, J. R. and Molotch, H. L., *Urban Fortunes: The Political Economy of Place*, Berkeley: University of California Press, 1987.

Louch, A. R., *Explanation and Human Action*, Berkley: University of California Press, 1966.

Lubove, R., *Professional Altruism: The Emergence of Social Work as a Career*, 1880 – 1930, Cambridge, MA: Harvard University

Press, 1965.

Lukes, S., *Power: A Radical View*, London: Macmillan, 1974.

Lynn, N. B. and Wildavsky, A. eds., *Public Administration: The State of the Discipline*, Chatham, NJ: Chatham House, 1990.

Maguire, P., *Doing Participatory Research: A Feminist Approach*, Amherst, MA: Center for International Education, 1987.

Maguire, P., "Challenges, Contradictions, and Celebrations: Attempting Participatory Research as a Doctoral Student", in Park et al eds., *Voices of Change*, Toronto: OISE, 1993.

Mannheim, K., *Man and Society in an Age of Reconstruction*, New York: Harcout, Brace and World, 1940.

Mansbridge, J., "Practice-Thought-Practice", in A. Fung and E. O. Wright eds., *Deepening Democracy*, London: Verso, 2003.

Marcuse, H., *Reason and Revolution*, Boston: Beacon Press, 1941.

Marcuse, H., *One-dimensional Man: Studies in the Ideology of Advanced Industrial Society*, Boston: Beacon Press, 1964.

Marcuse, H., *Negations: Essays in Critical Theory*, Boston: Beacon Press, 1968.

Marshall, G. S. and Choudhury, E., "Public Administration and Public Interest", *American Behavioral Scientist*, Vol. 41, No. 1, 1997.

Marcuse, H., *Eros and Civilization: A Philosophical Inquiry into Freud*, New York: Beacon, 1974.

Marx, K., "Theses on Feuerbach", in Robert C. Tucker ed., *The Marx-Engles Reader*, 2nd Edit, New York: W. W. Norton and

Company, 1978.

McCarthy, K. D. ed. , *Lady Bountiful Revisited*; *Women, Philanthropy, and Power*, New Brunswick, NJ: Rutgers University Press, 1990.

McCarthy, T. A. , "Jürgen Habermas", in P. Edwards ed. , *The Encyclopedia of Philosophy*, New York: Macmillan, 1967.

McCarthy, T. A. , *The Critical Theory of Jürgen Habermas*, Cambridge: MIT Press, 1978.

McCurdy, H. E. and Cleary, R. E. , "Why Can't We Resolve the Research Issue in Public Administration?", *Public Administration Review*, 1984, Vol. 44, 1984.

McLellan, D. , *Marxism After Marx*, Boston: Houghton Mifflin, 1979.

McSwite, O. C. , *Legitimacy in Public Administration: A Discourse Analysis*, Thousand Oaks, CA: Sage Publications, 1997.

Merchant, C. , *The Death of Nature: Women, Ecology, and the Scientific Revolution*, San Francisco: Harper and Row, 1980.

Meyer-Emerick, N. , "Biopolitics, Dominance, and Critical Theory", *Administrative Theory and Praxis*, Vol. 26, No. 1, 2004.

Mosher, F. C. , *Democracy and the Public Service*, New York: Oxford University Press, 1968.

Mouffe, C. , *The Return of the Political*, London: Verso, 1993.

Muncy, R. , *Creating a Female Dominion in American Reform*, 1890–1935, New York: Oxford University Press, 1991.

Musso, J. A. , "Federalism and Community in the Metropolis: Can Los Angeles Neighborhoods Help Govern Gargantua?", *Adminis-

trative Theory and Praxis, No. 21, 1999.

Nachmias, D. and Rosenbloom, D. H., *Bureaucratic Government: USA*, New York: St. Martins Press, 1980.

Nagel, E., *The Structure of Science*, Orlando. FL: Harcourt Brace Jovanovich, 1961.

Noble, D. F., *A World Without Women: The Christian Clerical Culture of Western Science*, New York: Oxford University Press, 1992.

Olson, M., *The Logic of Collective Action: Public Goods and the Theory of Groups*, Cambridge, MA: Harvard University Press, 1965.

Ostrom, V., *The Intellectual Crisis in American Public Administration*, Alabama: University of Alabama Press, 1974.

Palmer, R., *Hermeneutics*, Evanston, IL: Northwestern University Press, 1969.

Perry, J. L. and Kraemer, K. L., "Research Methodology in the Public Administration Review 1975 – 1984", *Public Administration Review*, No. 46, 1986.

Peterson, P. E., *City Limits*, Chicago: University of Chicago Press, 1981.

Ramos, A. G., *The New Science of Organizations*, Toronto: University of Toronto Press, 1981.

Reason, P., "Three Approaches to Participative Inquiry", in N. Denzin and Y. S. Lincoln eds., *Handbook of Qualitative Research*, Thousand Oaks, CA: Sage, 1994.

Ripley, R. B. and Franklin, G. A., *Congress, the Bureaucracy, and Public Policy*, Homewood: The Dorsey Press, 1976.

Rizzo, A. M. and Brosnan, D., "Critical Theory and Communication Disfunction: The Case of Sexually Ambiguous Behavior", *Administration and Society*, Vol. 22, No. 1, 1990.

Rorty, R., *Truth and Progress*, Cambridge: Cambridge University Press, 1998.

Rorty, R., *Philosophy and Social Hope*, London: Penguin Books, 1999.

Rosenau, P. M., *Postmodernism and the Social Sciences: Insights, Inroads, and Intrusions*, Princeton, NJ: Princeton University Press, 1992.

Rosenbloom, D. H., *Federal Service and the Constitution*, Ithaca, NY: Cornell University Press, 1971.

Rossiter, R. ed., *The Federalist Papers*, New York: New American Library, 1961.

Roth, M. S., *The Ironist's Cage: Memory, Trauma, and the Construction of History*, New York: Columbia University Press, 1995.

Rourke, F. E., *Bureaucracy, Politics, and Public Policy*, Boston: Little, Brown and Company, 1969.

Ryan, M. P., *Civic Wars: Democracy and Public Life in the American City During the Nineteenth Century*, Berkeley: University of California Press, 1969.

Salamini, L., *The Sociology of Political Praxis: An Introduction to Gramsci's Theory*, London: Routledge and Kegan Paul, 1981.

Sandel, M. J., *Democracy's Discontent: America in Search of a Public Philosophy*, Cambridge, MA: Harvard University Press, 1996.

Scott, W. G., "Organization Revolution: An End to Managerial Orthodoxy", *Administration and Society*, Vol. 17, No. 2, 1985.

Scott, W. G. and Hart, D. K., *Organizational America*, Boston: Houghton Mifflin, 1979.

Sementelli, A. and Abel, C. F., "Recasting Critical Theory: Veblen, Deconstruction and the Theory Practice Gap", *Administrative Theory and Praxis*, No. 22, 2000.

Shafritz, J. M. and Hyde, A. C. eds., *Classics of Public Administration* (4th ed), Fort Worth, TX: Harcourt Brace College Publishers, 1997.

Shafritz J. M. and Whitbeck, P. H., *Classics of Organization Theory*, Oak Park: Moore Publishing Company, 1978.

Simon, H. A., *Administrative Behavior: A Study of Decision-Making Processes in Administrative Organization* (2nd ed), New York: The Macmillan Company, 1958.

Smith, P., *Killing the Spirit: Higher Education in America*, New York: Viking, 1990.

Sklar, K. K., "The Historical Foundations of Women's Power in the Creation of the American Welfare State, 1830 – 1930", in S. Koven and S. Mitchell eds., *Mothers of a New World: Maternalist Politics and the Origins of Welfare States*, New York and London: Roudedge, 1993.

Skocpol, T., *Protecting Soldiers and Mothers: The Political Origins of Social Policy in the United States*, Cambridge, MA: Belknap Press of Harvard University Press, 1992.

Skowronek, S., *Building a New American State: The Expansion of*

National Administrative Capacities, 1877 – 1920, Cambridge, England: Cambridge University Press, 1982.

Spicer, M. W. and Terry, L. D., "History, Legitimacy, and Logic: Public Administration and the Constitution", *Public Administration Review*, No. 53, 1993.

Steffy, B. D. and Grimes, A. J., "A Critical Theory of Organization Science", *Academy of Management Review*, No. 2, 1986.

Stivers, C., *Gender Images in Public Administration: Legitimacy and the Administrative State*, Newbury Park, CA: Sage Publications, 1993.

Stivers, C., "Settlement Women and Bureau Men: Constructing a Usable Past for Public Administration", *Public Administration Review*, Vol. 55, No. 6, 1995.

Stivers, C., *Bureau Men, Settlement Women: Constructing Public Administration in the Progressive Era*, Lawrence: University Press of Kansas, 2000.

Thayer, F. C., "Undestanding Research", *Public Administration Review*, No. 44, 1984.

Trattner, W. I., *From Poor Law to Welfare State: A History of Social Welfare in America*, New York: Free Press, 1979.

Tremblay, P., "Toward a Community-based Ethic for Legal Services Practice", *UCLA Law Review*, No. 37, 1990.

Trubek, LG., "Critical lawyering: Toward a New Public Interest Practice", *Boston University Public Interest Law Journal*, No. 49, 1991.

Turner, B. S. ed., *Theories of Modernity and Postmodernity*, London: Sage, 1990.

Van Dyke, V. , *Political Science: A philosophic Analysis*, Standford: Standford University Press, 1960.

Van Riper, P. , *A History of the U. S. Civil Service*, Evanston, IL: Row, Peterson, 1958.

Veblen, T. , *The Place of Science in Modern Civilisation and Other Essays*, New York: Russell and Russell, 1961.

Ventriss, C. , "Two Critical Issues of American Public Administration", *Administration and Society*, No. 19, 1987.

Ventriss, C. , "New Public Management: An Examination of Its Influence on Contemporary Public Affairs and Its Impact on Shaping the Intellectual Agenda of the Field", *Administrative Theory and Praxis*, No. 22, 2000.

Vickers, M. , "A New Concept", *Public Administration Review*, Vol. 60, No. 5, 2000.

Waldo, D. , *The Administrative State*, New York: Ronald Press, 1948.

Waldo, D. , "Organization Theory: Revisiting the Elephant", *Public Administration Review*, Vol. 38, No. 6, 1978.

Waste, R. J. , *Community power: Directions for Future Research*, Beverly Hills, CA: Sage Publications, 1986.

Weber, M. , *The Protestant Ethic and the Spirit of Capitalism*, New York: Scribners, 1958.

Weinstein, J. , *The Corporate Ideal in the Liberal State* 1900 – 1918, Boston: Beacon, 1986.

Welter, B. , *Dimity Convictions: The American Woman in the 19th*

Century, Athens, OH: Ohio University Press, 1976.

White, J. D., "On the Growth of Knowledge in Public Administration", *Public Administration Review*, Vol. 46, No. 1, 1986.

White, J. D., "Action Theory and Literary Interpretation", *Administration and Society*, Vol. 19, No. 3, 1987.

White, J. D., "Images of Administrative Reason and Rationality", in H. Kass and B. L. Catron eds., *Images and Identities in Public Administration*, Newbury Park, CA: Sage, 1990.

White, J. D. and Adams, G. B., *Research in Public Administration: Reflections on Theory and Practice*, Thousand Oaks, CA: Sage, 1994.

White, L. D., *The Federalists*, New York: Macmillan, 1948.

White, L. D., *The Jeffersonians*, New York: Macmillan, 1951.

White, L. D., *The Jacksonians*, New York: Macmillan, 1954.

White, L. D., *The Republican Era*, New York: Macmillan, 1958.

White, L. E., "Mobilization on the Margins of the Lawsuit: Making Space for Clients to Speak", *Review of Law and Social Change*, No. 16, 1987.

White, O. F. and McSwain, C. J., "The Phoenix Project: Raising a New Image of Public Administration From the Ashes of the Past", in H. D. Kass and B. L. Catron eds., *Images and Identities in Public Administration*, Newbury Park, CA: Sage Publications, 1990.

Wilson, W., "The Study of Administration", *Political Science Quarterly*, Vol. 2, 1887.

Winch, P., *The Idea of a Social Science and Its Relation to Philoso-*

phy, London: Routledge and Kegan Paul, 1958.

Wood, G. S., *The Creation of the American Republic 1776 – 1787*, Chapel Hill: University of North Carolina Press, 1969.

Yankelovich, D., *Coming to Public Judgment: Making Democracy Work in a Complex World*, Syracuse, NY: Syracuse University Press, 1991.

Zanetti, L. A., "Advancing Praxis: Connecting Critical Theory With Practice in Public Administration", *American Review of Public Administration*, No. 27, 1997.

Zinn, H., *A Peoples History of the United States: 1492 – Present*, New York: Harper Collins, 1999.

后　　记

笔者于2004年9月进入中山大学政治与公共事务管理学院博士后流动站，从事公共行政理论研究，马骏教授担任作者的合作导师。考虑到笔者所接受的哲学训练背景、对法兰克福学派的兴趣、批判研究在公共行政学中的重要性以及国内学术界对其相对较低的关注度，马骏教授建议笔者以"公共行政学中的批判理论"作为博士后研究选题，同时向作者提供了十分丰富的相关英文资料。在此，笔者要向马骏教授致以最深的敬意和感谢。马教授以他渊博的学识、严谨的治学态度以及敏锐的学术洞察力，为笔者点亮了公共行政学研究的灯塔。博士后在站的几年中，在研究的每一个关键节点，从文献的筛选到问题的厘定，从讨论线索的梳理到写作框架的构建，马教授都亲力亲为，耐心指导，他的每一次点拨都让笔者豁然开朗，受益匪浅。这份恩情，笔者将永远铭记于心。

本书的撰写过程，既是一场知识的探索，也是一次心灵的洗礼。笔者深知，批判理论在公共行政学中的应用，既是对传统范式的挑战，也是对现实问题的深刻反思。因此，在撰写过程中，笔者力求做到理论与实践相结合，历史与现实相贯通，通过详尽的历史考察以及深入的范式分析，尝试勾勒出公共行政学中批判性研究的轮廓与脉络。因此，本书的意义不仅在于对公共行政学中批判性研究的系统梳理与深入探讨，更在于它试图为当前公共行政学的理论与实践提供一种新的视角与思路。在全球化、信息化、复杂化的时代背景下，公共行政面临着前所未有的挑战与机遇。批判性研究的引入，有助于我们更加清醒地认识到现有理论的局限与不足，更加深刻地理解公共行政实践中的矛盾与冲突，从而推动公共行政学的创新发展。同时，本书也希望能够激发更多学者对批判性研究的兴趣与关注，共同推动公共行政学研究的繁荣与进步。

学术之路漫漫其修远兮，本书出版之后，笔者将以此为契机，继续深化对公共行政学中批判性研究的探索与研究，努力在理论与实践之间架起更加坚实的桥梁。同时，笔者也期待与更多的学者、同行进行深入的交流与合作，共同推动公共行政学研究的深入发展，为构建更加公正、高效、和谐的公共行政体系贡献自己的力量。另外，本书中所涉及文献多为英文出版物，部分作者在国内还未有统一的译名，故采用了英文原名。在此，也希望优秀作品的中文译作越来越多，为读者带来盛大的学术盛宴。最后，笔者要再次感谢所有在本书撰写过程中给予帮助与支持的家人、朋友、同事以及出版社的编辑们。是你们的鼓励与帮助，让笔者有勇气面对挑战，有力量克服困难，最终完成了这部作品的创作，谢谢你们！

甲辰秋于番禺